나를 지키는 용기

자책하는 나
무기력한 나를 위한
심리 코칭

나를 지키는 용기

설경인 지음

10
SINCE 2014

유노
라이프
LIFE

무력감에서 벗어나려면
어떻게 해야 할까?

나로서는 정말 오랫동안 나 자신의 마음을 이해하기 어려웠다. 십 대 시절부터 느닷없이 마음은 어두워지고 무기력해지기 일쑤였다. 그때마다 마음이 비통함으로 가득하고 가슴이 답답해져 어쩔 줄 몰랐다. 그 때문에 역사학을 전공하다가 늦깎이로 의대에 진학하여 정신과 의사가 되었는지도 모르겠다.

의대를 졸업하고 전공의를 하며 환자나 동료나 교수님에게 나쁘지 않은 평가를 받았지만, 사실 내면은 평화롭지 못했다. 이제 내려갈 일만 남았다는 터무니없는 느낌에 시달렸고 불안하고 괴로웠다. 정작 삶이 안정되어도, 다른 사람에게 인정받아도 맞지 않은 옷을 입은 듯 불편해하는 나 자신이 불편했다. 다 내려놓고 마음 편히 살고 싶었다. 학계에 남고 싶다는 생각은 접어 두고 정신과 전문병원에 취업하며 사회생활을 시작했다.

이윽고 마음에 평화가 찾아왔다. 직장에서 인정받고 동료들과도 스스럼없이 잘 지냈다. 정신과 영역의 만성 환자들을 진료하며 새삼 '내가 조현병 환자를 보는 것을 좋아하는구나.'라고 생각하며 편안해했다. 결혼하고 아이들이 태어나고 정신과 의사로서 병원에서도 조금씩 자리를 잡아갔다. 환자들에게 좋은 선생님이라고 들을 때 기뻤고, 직원들도 소탈하다며 따라 주었다. 모든 것은 순탄하게 흘러갔다.

그러자 이상한 마음이 다시 드러났다. 모든 것이 한순간에 망가질 것 같아 지금 도망쳐야 한다는 욕구가 생생하게 올라왔다. 나로서는 이해할 수도 용납할 수도 없는 마음이었다. 주어진 상황에 만족하지 못하는 나 자신에게 정말 실망스러웠다. 하지만 문제가 없었기에 어떻게 해야 할지 도통 갈피를 잡을 수가 없었다. 지금 생각하면 감사한 일이다. 인생이 순탄했기에 나에게 이런 이해하기 힘든 도피 욕구가 있다는 것을 알게 되었으니 말이다. 하지만 당시에는 무력감 속에서 나라는 존재의 근본적인 결함에 대해 생각했다. 평생 해 오던 그 고민의 언저리를 어떻게 해도 벗어날 수 없다는 무력감이 크게 찾아왔다.

세상과 자기에게 지친 사람들

그러던 중 친구의 제안으로 정신과 의원을 함께 개원하여 지금에 이르렀다. 안정된 환경을 박차고 나오는 것이 두려웠지만 한편으로는 지금이 아니라면 나올 수 없을 것 같다는 생각도 들었다. 도망친 곳에서 다시 도망친 셈이었다.

병원을 개원한 후 세상과 자기 자신에게 지친 수많은 사람들을 만났다. 그럭저럭 살고 있지만 잘 살고 있지 못하다고 생각하는 정말 많은 사람들을 만났다. 다른 사람들의 이야기이기도 했지만 내 이야기이기도 했다. 무력감과 무기력감으로 점철된 이야기들은 고통스러웠지만 한편으로 '이렇게 다들 연결되어 있구나.'라는 생각에 고립감은 줄었고 나 역시 환자들에게 위로받았다. 그렇게 7년이 흘렀고 그동안의 결실로 이렇게 책을 내게 되었다. 이 책은 정신과 의사의 이야기이기도 하지만 마음의 문제로 고통받아 온 한 사람의 이야기이기도 하다. 내 이야기이기도 하지만 그동안 만난 많은 사람들의 이야기이기도 하다.

나의 경우엔 알 수 없는 내 상태를 이해해 보려 책을 읽고 종교나 철학에도 관심을 가졌다. 하지만 세상의 따뜻하고 당연한 위로들이 이상하게 나에게만은 잘 닿지 않았다. 잠깐 온기가 돌다가도 마음은 어두워지고 차가워지기 일쑤였다. '나에게는 끝끝내 세상의 따뜻한 햇살이 닿지 않는구나.'라는 소외감과 무력감이 내면의

나를 지키는 용기

깊숙한 곳에 있었다. 그래서 같은 고통을 반복하면서도 벗어나지 못하는 무력감에 대해 관심을 가졌다.

이 책에서 나는 괜찮던 마음이 왜 순식간에 먹구름이 끼듯이 어두워지는지, 왜 이런 과정이 반복되면서 벗어날 수 없는지에 대하여 설명하고 싶었다. 이 과정에서 고통받는 사람들이 경험하는 무력감이라는 감정을 어떻게 벗어날 수 있는지 디딤돌이 되는 이야기를 해 주고 싶었다.

나에 대한 감정

사실 정신건강의학과의 문턱은 낮지 않다. 여기까지 찾아온 사람들은 마음이 고통의 극단에 있는 사람들이다. 이들은 고통이라는 괴물에 붙잡혀 괴로움 속에서 나를 찾아온다. 끔찍한 무력감, 무기력감이 이들을 덮쳐 숨 쉬는 것조차 답답해하며 하루 종일 아무것도 못하는 자신을 고통스럽게 보고 있기도 한다. 대개 치료가 진행되면서 이런 극단적인 고통은 줄어들고 안정된다. 하지만 그럼에도 많은 사람들이 여전히 괜찮지 않다. 왜 자신이 이유도 없이 이런 고통을 겪는지 분노하고, 언제 다시 고통이 찾아올지 몰라 불안해한다. 삶은 의미 없는 고통이라고 생각하며 자신을 우울증 핑계나 대는 나약한 존재라고 비난하기도 한다. 그러면서 공허해한다.

  그러니까 어떤 사람들은 우울감, 무기력감에도 고통받지만 이유 없이 반복해서 이러고 있는 자신에 대해 무력감에 시달리고, 알 수 없는 공허감에 시달린다. 결국 우울하다는 것은 단지 우울감에서 끝나는 것이 아니라 무력감에 시달린다는 의미이기도 하고, 자신과의 관계가 사실은 파탄 나 있다는 진실이 드러나는 순간이기도 하다. 나 역시도 다르지 않았다. 삶이 힘들 때도 고통스러웠지만 삶이 잘 풀릴 때조차도 영문을 알 수 없는 고통이 때때로 찾아왔다. 그 결과 인생에서 고통을 피할 수 없다는 염세적인 결론 속에서 무력감의 고통을 느꼈다.

  그래서 이 책에서는 단순히 우울감에 그치는 것이 아니라 대상이 '나'인 감정들에 주목했다. 특히 무력감, 무기력감, 공허감은 내가 스스로를 어떻게 생각하는지 드러내 주는 소감이어서, 나와 나의 관계를 여실히 보여 준다. 누군가는 우울한 자신을 보면서 무력감, 무기력감, 공허감에 시달리고, 나와 나 자신이 그동안 어떤 사이였는지 알게 된다.

  무력감, 무기력감, 공허감이 흔하게 사용하는 말인 데다가 누구나 아는 뻔한 이야기라고 짐작하겠지만 아마도 예상과 다를 것이다. 이 감정들은 마치 바다에 떠 있는 빙산처럼 드러난 부분보다 숨은 부분이 더욱 크다.

  이 책에 '나를 아끼고 사랑하자.' '우울하고 무기력해도 괜찮다.

나를 이해하고 존중하자.' 같은 말은 결코 쓰지 않았다. 이 다짐들이 잘못되어서가 아니라, 억지로 노력한다고 해결되는 문제가 아니기 때문이다. 배고픈 사람이 배가 고프지 않다고 아무리 생각해 봐야 배고픔은 가시지 않는다. 마찬가지로 '나를 아끼고 사랑하자.'라고 아무리 생각해 봐도 실제로 그렇게 느끼지 않는다면, 그 결과는 더욱 공허해질 뿐이다. 우리에게 필요한 것은 다짐이 아니라 어떻게 하면 이런 감정에 닿을 수 있는가이다.

이 책의 목적

이 책은 모두 여섯 개 장으로 되어 있다. 1장에서는 어느 환자와의 대화를 통해 무력감이 어떤 식으로 모습을 드러내는지를 보여 주려고 했다. 2장에서는 무력감, 무기력감, 공허감이라는 감정을 다루기 위한 기본적인 토대로서 감정과 생각의 관계를 정리했다. 3장부터 무력감을 이야기하며 본격적인 내용을 다루었다. 3장을 통해 트라우마, 공황 발작 같은 서로 달라 보이는 감정이 사실은 무력감이라는 하나의 감정으로 통합된다는 사실을 이해할 수 있다.

4장은 무기력감을 다루었다. 무력감, 공허감이 어느 정도 숨어 있는 감정이라면 무기력감은 자기를 대상으로 한 감정 중 가장 표면에 드러나 있는 감정이다. 정확히는 마음이 무력감과 공허감이라는 고통을 은폐하는 과정에서 생기는 감정이 무기력감이다. 5장은 공허감을 다루었다. 공허감을 이해하기 위해서는 무력감과 무기력감을 통합해야 한다. 그래서 6장에서 이 세 가지 감정의 관계를 다루면서, 자신과 삶에 대해 느끼는 무력감인 공허감을 최종적으로 정리했다.

　3장에서 나는 무력감은 극복할 수 없다고 말했다. 체념적이고 염세적인 결론 같아 보이지만 전혀 아니다. 책을 읽어 가다 보면 왜 그런지 알게 될 것이다. 무력감, 무기력감, 공허감이라는 감정을 극복하고 이겨 내어 굴레에서 벗어나는 것이 아니라, 애당초 이 감정들이 별 문제가 되지 않는다는 사실을 알게 되며 문제가 해결된다. 비유하자면 망망대해 한가운데서 헤엄치는 것이 지치고 힘들 때, 그냥 뭍으로 올라오면 된다. 살기 위해 죽을힘을 다해 열심히 수영할 필요가 없다. 망망대해인 줄 알았던 곳에서 바로 옆에 있는 뭍을 발견하면 된다.

　애초에 이런 생각은 애써 다짐해야 하는 것이 아니라 자연스럽게 떠오르는 소감이다. 우울감, 무기력감을 느끼는 것이 하나도 어렵지 않은 것처럼, 내 안에서 새로운 감정을 느끼는 일도 애쓸 것이 하나도 없다. 썰물에 갯벌이 드러나듯 어떤 단계에 이르면 자연스럽게 드러난다. 어떻게 하면 그 단계에 좀 더 빨리 이를 수 있는지 설명하는 것이 이 책의 목적이다.

　　　　　나를 지키는 용기

이 책을 읽고 나서 독자들은 텅 빈 줄 알았던 마음 안쪽에서 어떤 감정을 발견하게 될 것이다. 굳이 설득하거나 설명하지 않겠다. 이 책을 읽는 독자가 발견하게 될 감정은 독자의 몫으로 남겨놓겠다. 하지만 마음을 들여다보는 일을 십수 년간 하면서 깨달은 것은 사람 마음은 대체로 비슷하다는 것이다. 나의 경우 세상 모든 사람이 우울에서 회복되어도 결코 나는 회복될 수 없다고 생각했다. 이런 나도 내 안에서 새로운 감정을 발견했다. 이 책을 끝까지 읽으면 그 감정이 무엇인지 알게 될 것이다.

고요와 평화

무력감, 무기력감, 공허감 모두 내면에서 일어나는 갈등이다. 내적 갈등이 고요해진 자리는 평화롭다. 당신이 지금 있는 곳에서 멀지 않다. 딱 한 걸음이다. 나를 더 이상 고통받게 하지 않겠다는 작은 용기면 된다. 작은 용기로 나 자신을 지키기 위한 딱 한 걸음만 내딛는다면, 고요와 평화를 만끽할 수 있다는 것을 알게 될 것이다. 이 책이 내 안에 있는 따뜻함과 충만함을 발견하는 데 작은 디딤돌이 되면 좋겠다. 그렇게 발견한 안전줄로 세상을 조금 더 즐겁게 살면 좋겠다. 그래서 이 책의 후기에 내가 무력감, 무기력감, 공허감을 어떤 식으로 느꼈고 어떤 계기로 이 문제에 관심을 갖게 되었는지 설명했다. 개인사를 드러낸다는 것이 부끄럽고 겸연쩍지만 고통받는 누군가에게 작은 도움이 된다면 정말 기쁠 것이다.

내 안에서 든든하고 따뜻한 것을 보게 된 이후로 많은 것이 바뀌었다. 무기력과 무력감이 없어져서 그런 것이 아니다. 무기력감, 무력감, 공허감은 내 의지와 상관없이 언제든 내 삶에 찾아올 수 있고 때로는 피할 수 없다. 그보다는 이 감정들을 만나도 그다지 불편하지 않아져서 그렇다. 억지로 괜찮다고 다짐할 필요도 없어졌고, 앞으로는 괜찮을 것이라고 나를 위로하지 않게 되었다. 나와 나 자신의 관계가 회복되면서 삶이 한결 편해지고 즐거워졌다. 대단한 일이 아니라 고개 하나만 넘으면 누구에게나 이 풍경이 펼쳐진다고 생각한다. 이 책을 읽는 독자들과 고개를 넘어 같은 풍경을 보게 되면 좋겠다.

이 책은 단순히 논리적 추론이나 상상으로 만들어진 결과물이 아니다. 정신과 의사로 십수 년간 일하며 실제 죽을 고비를 넘나드는 환자들을 만나 내면의 생각과 감정을 확인하고 만든 결실이다. 염세적이었던 나에게 살아야 할 이유가 되어 주었고 지금도 곁에서 응원해 주는 아내에게 감사한다. 조건 없는 사랑이 무엇인지 말이 아니라 몸으로 보여 준 나의 어린 아들과 딸에게도 고맙다. 무엇보다 내면의 상처를 드러내고 마음의 생각과 감정을 열어 준 많은 환자들 덕분에 이 책을 쓸 수 있었다. 이 책이 해결되지 않는 마음의 고통에 시달리는 누군가에게 실질적인 도움이 되기를 바란다.

차례

1장

나와 나의
지긋지긋한 관계

은미 씨는 자기를 미워한다

2장

이 감정은
어디서 생기는 걸까?

생각이 감정을 낳는다

3장

나아질 수 없다는
생각

무력감, 가장 고통스러운 감정

4장

나는 왜
일어나지 못할까?

무기력감, 엑셀과 브레이크를 동시에 밟는다

5장

내려놓고 받아들이면
달라질까?

공허감, 노력의 끝에 이르렀을 때

6장

작은 용기가
모든 것을 바꾼다

다시 마주한 나

1장

나와 나의
지긋지긋한 관계

은미 씨는 자기를 미워한다

버튼

어떤 사람들에게 우울감의 버튼은 너무 쉽게 눌린다. 버스 좌석에 앉아 따사로운 햇살 속에서 무심히 창밖을 보다가, 한가한 주말 침대에 누워 귀에 익은 노래를 듣다가, 오랜만에 지인을 만나러 가는 설레는 날 초저녁 무렵 바삐 걷다가 인파로 붐비는 보도에서, 예측할 수 없는 순간 예고도 없이 버튼은 갑자기 눌린다.

모든 것이 어색해진다. 주위의 공기, 시간의 흐름, 세상이 낯설어진다. 숨이 가쁘며 목이 조인다. 온몸의 솜털은 곤두서고 심장은 쥐어짜듯이 조여 온다. 형용하기 힘든 이질적인 불쾌감이다. 다급히 무언가를 잡아 보려 해도 마음속 텅 빈 공간에는 아무것도 잡히지 않는다. 멍한 가운데 한 가지 생각만은 명료하다. '피할 수 있는 곳은 없다.' 물속에서 몸부림치며 물 밖 숨 쉴 곳을 절실히 찾는다. 하지만 질식감 가득한 이곳은 물속이 아니다. 벗어날 방법이 없다. 그저 눈을 감는다.

이십 대 중반 은미 씨는 때때로 이런 종류의 느낌에 시달린다. 아무 전조도 없이 한순간에 먹구름이 드리워지듯 마음은 돌변한다. 언제부터였을까? 무엇 때문이었을까? 우울감과 무기력은 제법 오래되었다.

초등학교 시절 은미 씨는 친하게 지내던 친구와 원인을 모른 채 멀어지는 일이 있었다. 속상하고 화도 났지만 무엇보다 자존심이

상했다. 그래서 먼저 다가가지는 않았으나 사과하고 돌아오면 받아 주려고 생각했다. 하지만 시간이 지나도 친구가 먼저 다가오지 않았다. '네가 아니라 내가 버리는 것이다.'라는 마음으로 친구를 미워했고 일부러 더 당당한 척, 아무렇지 않은 척했다. 그런데 불운하게도 이런 일이 초등학교 시절 두어 차례인가 더 있었다. 왜 하필 나에게 이런 일이 생길까 하며 슬펐다.

중학교에 입학한 뒤 비슷한 상황이 또 발생했다. 그런데 이번에는 달랐다. 세상이 무너지는 것만 같이 느껴졌다. 이런 일이 반복되는 걸 보니 나에게도 원인이 있지 않을까 하는 의심이 갑자기 뇌리에 꽂혔다. 내 성격이 이기적이어서 자꾸 이런 상황이 생기는 것은 아닐까 하는 의심, 이 사실을 친구들이 알게 되면서 나를 떠나간다는 생각이 머릿속에서 반복 재생되었다. 무엇이라도 해야 할 것 같은 압박과 불안에 시달렸지만 그 해 방학은 내내 우울하고 무기력하여 하루 종일 침대에 누워 지내는 날이 많았다. 은미 씨가 기억하는 이해할 수 없는 오래된 우울과 무기력의 시작이었다.

고등학교 대학교에 진학하며 딱히 교우 관계에 문제는 없었다. 특히 대학교에 진학하면서는 원하는 학교, 학과에서 새롭게 잘 시작해 보자는 다짐을 하며 설레기도 했다. 하지만 가슴 언저리에 우울하고 가라앉은 느낌은 찐득하게 달라붙어 있었다. 그러던 대학교 2학년 무렵의 일이었다. 입학 후 가장 친해진 친구와 사소한 일로 멀어지게 되는 일이 있었다. 마음을 열고 좋은 사람이라고 생각했던 친구였다. 마음이 쓰라려 왔다.

이즈음부터였다. 갑자기 앞에서 말한 증상들이 나타났다. 불쾌한 이물감으로 가슴이 가득 차는 것 같고, 끝없이 나락으로 떨어지는 것 같기도 했다. 침대에서 땀을 흘리며 끙끙 앓았다. 이런 느낌에 압도되면서도 어떻게 해야 할지 몰랐다. 누군가 도와주었으면 좋겠다고 생각했지만 누군가의 눈에 띌까 불안했다. 갑작스럽게 고통에 허덕이는 자신을 남에게 들키는 상황은 수치스러워 감당할 수 없었다. 좁은 침대 속에서 한없이 혼자 부유하고, 끝없이 홀로 추락했다. 홀로 이 고통을 감당하며 외로움에 사무쳤지만 한편으로는 아무도 알아차리지 않아서 다행이라는 생각도 들었다.

시간이 지나면서 이런 느낌들은 진흙탕 물이 가라앉는 것처럼 안정된 듯싶다가도 아무 조짐 없이 간헐적으로 찾아왔다. 그럴 때마다 웅크리며 지나가기만을 기다렸다. 무기력감은 계속되었다. 학교도 자주 결석하기 시작했고 의욕 있게 준비하던 공모전도 그만두었다. 무언가 해야 한다는 압박감에 시달렸지만 무기력감에 꼼짝하지 못했다. 아무리 중요한 순간이라도 가슴 한쪽이 서늘해질 때면 우울해졌고 축 늘어졌다. 시간이 지날수록 좌절감은 깊어졌다. 알 수 없는 무기력에 시달리는 자신이 은미 씨는 너무 싫었다. 다들 뛰어다니는 세상에 혼자만 넘어져 일어서려 하지 않는다는 사실을 받아들이기 힘들었다. 왜 넘어지는지도, 일어나지 않으려는지도 이해할 수 없었다.

시간은 계속 흘러갔다. 이제는 일어서지 못하는 것인지 일어서지 않으려는 것인지 분간이 가지 않았다. 이런 생각만 반복하는 자신이 싫고 끔찍하다고 생각하는 그 순간조차도 무기력하게 누워 있었다. 실망이 익숙해지면서 기대도 줄기 시작했다. 더 이상 견딜 수 없다는 생각에 처음으로 정신과에 다니며 약을 먹었다. 반신반의했지만 치료를 시작하며 마음이 다소 안정이 되었다. 다시 해 보자라는 마음이 생겼다. 그러다가 이제 약도 끊어 보고 새롭게 해 보자라는 마음을 가질 때쯤이면 어김없이 그 느낌들이 찾아왔다. 그럴 때면 모든 것이 다시 원점으로 돌아왔다.

벗어날 수 없었다. 끝없는 늪지를 걷는 느낌이었다. 한순간이라도 넘어지면 늪은 은미 씨를 삼켜 버렸다. 그렇지만 넘어지기 일쑤였고 그럴 때마다 여지없이 침몰했다. 여러 병원을 전전하다 가깝다는 이유로 은미 씨는 나의 병원에 내원했다. 치료를 지속하며 증상은 악화와 완화가 반복되었다. 잘 지내다가도 사소한 이유로 갑자기 은미 씨의 마음은 무거워지고 우울해졌다. 이렇게 예민한 자신이 은미 씨는 도무지 마음에 들지 않았다. 좀 더 대범해야한다며 자신을 질책하고 다독여 봐도 소용없었다. 은미 씨는 차츰 이런 상황에 체념했지만 정작 몸서리쳐지는 그 느낌이 엄습하는 순간에 할 수 있는 것은 없었다. 그저 약을 먹고 한숨 자면 좀 더

견디기 수월해진다고 했다. 하지만 약을 복용해도 일시적이었다. 이제는 무엇을 어떻게 해야 할지 방향을 잃었다. 큰 기대 없이 힘들 때면 약을 조금 더 먹었다.

"다 싫어요"

그러던 어느 날이었다. 진료를 위해 방문한 은미 씨는 평소와는 달랐다. 무언가 답답한 듯 나에게 질문했다. 꽤 회복했다고 생각했던 무기력감이 다시금 은미 씨를 덮치기 시작했다. 주기의 반복이었다. 무기력감을 극복해 가며 인생을 조금씩 긍정하던 은미 씨가 다시 세상을 다 산 것 같은 눈을 했다.

"선생님, 이제는 제가 정말 이해가 안 가고 싶어요. 혐오스러워요. 왜 이렇게 무기력한지 전혀 모르겠어요. 아무리 노력해도 소용없고 이제는 생각만 해도 숨이 막혀요. 아무것도 못 하고 그냥 무기력해요. 화나고 지치는데 저도 이런 제가 싫어요. 끔찍하게 싫어요. 없애 버리고 싶어요. 이런 나도 싫고 이런 나를 싫어하는 나도 싫고 세상도 싫고 다 싫어요."

과격한 내용과 달리 담담한 말투였다. 얼마나 많은 실망 끝에 이런 속상한 이야기를 저렇게 냉담하게 말할까. 오히려 그녀의 깊은 좌절이 더 잘 전달되었다. 한편으로는 은미 씨와 치료 기간

이 제법 되었고 이제 이런저런 이야기들이 수치심의 그물 밖으로 튀어 나오기도 할 만큼 신뢰가 생긴 면도 있었다. 마음속 깊이 있는 이야기도 남이 알까 두려운 이야기도 여기서는 말할 수 있다고 했다.

"왜 무기력한지 잘 모르겠다고요? 스스로 생각할 때 딱히 무기력할 이유가 없다고 생각하나 봐요?"

"네 맞아요. 딱히 이유가 없어요. 무엇을 해야 할지, 안 하면 어떤 일이 생길지 머리로는 다 아는데 이유 없이 무기력하고 우울한 내가 싫고 이해가 안 가요. 도대체 왜 이런지 모르겠고 어떻게 해도 여기서 벗어날 수 없어요. 게으른 건지 무기력한 건지도 모르겠어요."

"무기력한 것도 힘든 일인데, 왜 그런지 이해가 안 가니까 더 답답하고 힘든 느낌이 있네요. 내가 왜 무기력한지 도무지 이해할 수 없나 봐요."

"네 답답하고 이해가 안 가요. 아무리 노력해도 벗어날 수 없어요. 무엇을 해야 하는지 분명히 알아요. 그런데도 자꾸 무기력해지는 것이 지긋지긋해요."

"그러니까 무기력감이 심한데 딱히 그럴 만한 이유도 없는 것 같다. 내가 왜 우울하고 무기력한지 모르겠다. 이런 거네요. 아니면 이유가 있기는 있는데 내가 모르는 것일까요?"

"이유야 여러 가지가 있을 수 있죠. 어릴 때의 상황이나 예전 상처 때문일 수도 있고. 어렸을 때부터 집에서도 힘들고 학교에서도 힘들었잖아요. 그런데 이제는 다 지난 일이잖아요. 머리로는 다 끝났다는 것을 알아요. 지금이야말로 정신 차리고 열심히 달려야 할 때인데….”

다시 무기력감이 심해지면서 무기력감에 대한 은미 씨의 걱정이 드러났다. 우울과 무기력감 자체도 힘든 일인데 거기에 더해 이런 자신에 대한 답답함이 은미 씨를 짓누르는 것 같았다. 이 문제를 다룰 좋은 기회가 온 셈이다.

“왜 무기력한지 모르겠다는 생각이 지금 은미 씨를 많이 힘들게 하네요. 그럼 무기력감에 대해 이야기를 다시 시작해 볼까요? 가장 처음 무기력감을 느낀 것은 언제쯤이었나요?”

“중학교 때, 예전에 이야기했던 그때요. 방학 내내 무기력하고 멍하니 핸드폰만 했어요. 하루 종일 침대에 누워서.”

“그때 어떤 일이 있었는데요?”

“친구와 멀어졌어요. 또 이런 일이 생겼다는 생각도 들고, 이제는 내가 문제이지 않나 이런 생각이 들었어요. 한두 번도 아니고 자꾸 이러니까 내가 무언가 고치지 않으면 여기서 벗어날 수 없겠구나 이런 생각이요. 내가 이기적이고 너무 직설적으로 말하니까 이런 일이 생겼구나, 내가 문제구나, 이런 생각이 머리를 때리듯 들었어요.”

나를 미워하고 싶지 않은데
자꾸 미워하게 되고 화가 나요.
나를 사랑하자고 다짐해도
결국은 이렇게 돼요.

내가 아니라 친구의 일이라면

"음 그랬군요. 가뜩이나 힘든 상황이었을 텐데 그런 생각까지 들어서 더 마음도 안 좋았을 것 같아요. 음… 그런데 이번에는 은미 씨에게 질문 하나 해 볼게요.

본인이 아니라 은미 씨의 친구에게 비슷한 일이 있었다고 생각해 봐요. 그 친구에게 아무 이유 없이 친구와 멀어지고 속상하고 화나는 일이 한두 번도 아니고 여러 번 있었어요. 마침 중학교에 입학해서 새로운 마음과 각오로 잘 살아 보려고 했는데 같은 일이 또 생긴 거예요. 너무 괴롭고 힘들어하던 친구가 믿었던 은미 씨에게 이런 상황을 털어 놓았어요. 힘든 이야기인데 용기를 내서 털어 놓았어요. 그러면 그 친구에게 뭐라고 이야기해 줄래요?"

은미 씨는 당황했다. 자신의 이야기인지 친구의 이야기인지 혼동이 오는 것 같았다.

"아무 이유가 없지는 않을 텐데. 어떻게 해야 할지 모르겠어요. 그냥 괜찮아질 거라고 위로할 것 같아요."

다시 내가 물었다.

"아니 왜요? '네가 이러는 거는 다 이유가 있다. 네가 이기적이고 독선적이어서 그런 걸 수 있다. 내가 친구니까 너를 위해 이런 이야기를 해 주지, 아무도 이런 이야기 안 해 준다. 너가 이기적이라는 사실을 친구들이 알게 되니까 지금까지 이런 일이 생긴 거고,

앞으로도 고쳐지지 않으면 계속 이런 일이 생길 거다.' 이렇게 이
야기하지 않는다고요?"

"네 그렇게는 이야기 못 할 것 같아요. 그냥 괜찮다고, 너 잘못
아니라고, 시간이 지나면 괜찮아질 거라고 이야기할 것 같아요."

"왜요? 지금까지 들은 은미 씨 생각하고는 다르게 왜 마음에도
없는 이야기를 해요?"

"그렇게 이야기하면 안 될 것 같아서요."

"왜 그렇게 이야기하면 안 될 것 같은가요? 솔직한 게 친구에게
도움이 안 된다고 생각하는 건가요?"

대화는 계속 이어졌다.

"네, 도움이 안 될 것 같아요. 그렇게 이야기하면 속상해하고 상
처받을 것 같아요."

"그래도 친구에게 '너 잘되라고 하는 말이다. 쓴 게 약이다. 진실
을 알아야 고치지.' 하면서 이야기할 수도 있잖아요. '지금 당장은
내 말이 속상하게 들려도 너가 이기적이어서 여태까지 그런 것이
고 고치지 않으면 앞으로도 계속 그럴 것이다.'라고 솔직히 이야
기하는 것이 친구를 돕는 것 아닐까요? 정말 도움이 안 되는 것이
맞나요?"

"그렇게 들으니 잘 모르겠어요. 도움이 될지 안 될지 잘 모르겠
어요. 상황에 따라 다를 것 같아요."

"그럼 상황을 구체적으로 생각해 볼게요. 만약에 친구에게 제가

말한 것처럼 '너 잘되라고 하는 말이다.' 이러면서 위와 같이 이야기했다면 친구는 그 말에 어떤 느낌을 받을 것 같나요?"

"속상해할 것 같아요. '얘는 잘 알지도 못하면서 왜 이런 이야기를 하지.' 친구가 이렇게 생각할 것 같아요. 이런 이야기를 들어도 속상하기만 하고 도움이 되지 않을 거 같아요. 생각해 보니 아무래도 도움이 안 되겠네요."

"그러면 사정을 잘 아는 사람에게 이런 이야기를 들으면 어떨까요? 예를 들어 친구 말고 부모님에게 이런 말을 들었다면 어떨까요? 이번에는 그 친구가 은미 씨가 아니라 자기 엄마에게 이런 이야기를 털어 놓았고, '너가 이기적이어서 그런 거다. 고치지 않으면 계속 이런 일이 생길 거다.'라는 말을 엄마에게 들었다고 해 볼게요. 이 경우에는 도움이 될 수 있을까요? 그래도 엄마라면 그 친구를 잘 알고 있고 신뢰할 수 있는 사람이니까, 그리고 친구를 사랑하는 사람이니까, 그런 솔직한 조언을 들으면 도움이 되지 않을까요?"

나는 상처받지 않는 사람일까

은미 씨의 눈동자는 흔들렸다.

"아니요, 도움이 안 돼요. 전혀 안 될 것 같아요."

"왜 도움이 되지 않는다고 생각해요?"

"더 속상하고 슬프고 화도 나고. 상처받을 것 같아서요."

은미 씨는 기억을 떠올리는 것 같아 보였다.

"사실 엄마에게 이야기한 적이 있어요. 엄마가 많이 속상해하셨어요. 그러면서 한두 번도 아니고 자꾸 이런 일이 생기는데 혹시 너도 문제 있는 것 아니냐고 하시고….'

은미 씨는 움츠러들었다. 잠시 시간을 두고 이번에는 내가 덧붙였다.

"맞아요. 사실 저도 같은 생각이에요. 은미 씨의 생각에 동의해요. 믿고 있는 친구에게 힘든 이야기를 겨우 꺼냈는데 친구가 '너가 이기적이어서 그렇다. 지금까지도 그랬고 앞으로도 계속 그럴 것이다.'라고 했다면 화가 나고 가슴이 무너질 것 같아요. 친구들과 멀어질 때 가슴이 많이 아팠다고 했잖아요?

'차라리 내가 없어지면 되겠네.' 이런 생각까지 들 정도로 화나고 속상할 것 같아요. 그래서 은미 씨가 친구에게 그런 식으로 이야기를 안 하겠다는 이유를 저도 알 것 같고 동의해요. 부모님이라면 더 말할 나위도 없이 속상할 것 같고요."

"네 저도 그래서요."

은미 씨의 대답과 마음의 흐름에 따라 대화는 계속되었다.

"그런데… 혹시 은미 씨는 친구와는 달리 많이 훌륭한 사람인가요?"

"네? 아니요, 아니에요. 그게 무슨 말이에요?"

은미 씨는 당황했다.

"은미 씨가 친구에게 그런 식으로 이야기하지 않는 이유가 친구가 상처받을 것 같아서라고 했잖아요. 도움도 되지 않고요. 저도 그 말에 동의하거든요. 친구가 힘들고 도움이 절실할 때 힘겹게 겨우 이야기를 꺼냈는데, 오히려 더 상처를 주고 고통스럽게 하는 것 같아서요."

은미 씨는 여전히 의아한 얼굴로 나를 쳐다보았다.

"그러니까 그런 상황에서 그런 말을 들으면 저는 누구나 당연히 상처받을 것이라는 생각이 들거든요. 그런데 은미 씨 본인이라고 친구와 다를 이유가 없잖아요. 믿었던 친구가 자신을 따돌려 고통스러운 상황 속에서 은미 씨는 스스로에게 '내가 이기적이고 독선적이어서 이런 일이 생겼다. 안 고쳐지면 계속 이럴 것이다. 내가 잘못한 것이다.' 이런 이야기를 한 거잖아요. 불난 집에 부채질 하는 것 같아서요."

은미 씨는 당황했다.

"아 그게 저하고 남하고는 상황이 다르잖아요. 저는 다 알고 있고…."

"내가 믿고 나를 잘 알고 있다고 생각한 사람이 그런 말을 하면 오히려 더 힘들지 않을까요? 아까 친구가 만약에 엄마에게 그런 이야기를 들으면 더 힘들 것 같다고 했잖아요? 사실 나랑 나는 모든 것을 알고 있는 가장 가까운 관계잖아요. 그런데 정말 힘들고 외로울 때 내 마음이 나에게 싸늘해지면서 '이건 네 잘못이야.' 이러면 정말 힘들고 절망스러울 것 같아요. 내가 가장 힘들 때 버림받는 느낌, 절벽에서 떨어지는 느낌 같기도 하고요."

"아 그렇다고 거짓으로 괜찮다고 이야기할 수는 없고… 나에게는 솔직해야 하니까요. 그래야 해결할 수 있고."

은미 씨는 계속 당황했다. 다시 내가 물었다.

"아까는 친구한테는 따뜻하게 위로할 것이라고 했잖아요. 솔직해진답시고 말해 봐야 친구가 상처만 받을 거고, 힘들게 할 거라면서요? 용기 내어 겨우 꺼낸 이야기가 그렇게 비수가 되어 되돌아오면 온몸에 힘이 빠질 것 같다고 은미 씨가 이야기했잖아요. 저도 같은 생각이에요. 저도 친구가 이런 상황을 이야기했다면 따뜻하게 위로할 것 같아요. 그래서 물어본 거예요. 본인은 친구와 다르냐고요. 아니면 친구한테는 상처받을까 봐 그런 이야기를 하면 안 되지만 나는 상처받아도 상관없는 건가요? 그것도 아니면 스스로에게 하는 말에는 상처받지 않는다는 건가요? 사실이니까?"

자기에게 화가 난 사람들

침묵이 흘렀다. 은미 씨는 생각에 잠긴 듯 보였다. 잠시 생각할 시간을 준 후 말을 이어 나갔다.

"사람은 힘들고 지쳤을 때 비로소 아 이 사람이 내 가족이구나, 내 친구구나 알게 돼요. 어려울 때 친구가 진짜 친구라고 하잖아요. 내가 잘나갈 때는 생판 남이라도 잘해 주기도 하잖아요. 그런데 내가 초라할 때, 실패했을 때, 괴로울 때, 더 이상 남은 것이 없다고 느낄 때, 그때야말로 곁에 있는 가족과 친구가 내게 힘이 되어 주지 않나요? 그럴 때 따뜻한 위로나 격려를 받으면 힘이 나는 것이 사람이잖아요. 본인도 친구들에게 그렇게 하고 있다고 했잖아요? 친구가 힘들어할 때 위로해 주고, 지지해 주고, 격려해 주려고 하잖아요."

여기서부터는 좀 더 속도를 올렸다. 자아 내부의 갈등과 혼란을 다루는 문제는 그 사람의 취약점을 건드리는 것이다. 어설프게 다루면 더욱 상처가 커진다.

"그런데 본인은 친구가 떠나면서 가장 힘들고 외로워진 순간에 '이게 다 나 때문이다. 내가 잘못한 거다.'라는 이야기를 스스로에게 왜 한 걸까요? 사실 이때야말로 위로와 지지가 필요한 때잖아요. 그런데 평상시에는 영혼의 단짝처럼 죽이 맞던 '나'라는 존재가 정작 내가 가장 힘들 때 등에 비수를 꽂으면 정말 절망스럽지 않을까 싶어요."

계속 말을 이어 나갔다.

"친구가 힘들어할 때 격려하고 위로하려고 하는 것에 저도 동의

해요. 저라도 그럴 것 같아요. 그리고 은미 씨가 '이 모든 게 내 잘못이다. 내가 이기적이어서 그런 거다.'라는 마음의 소리를 들었을 때 너무 슬프고, 하루 종일 힘이 없는 것도 이해가 돼요. 그런데 이런 상황에서 그런 말을 왜 하게 되는 것일까요. 그러면 상황이 나아진다고 생각한 걸까요?

또 자기에게 그런 말을 하고 나서 왜 무기력한지 모르겠다고, 무기력한 내가 싫다고 자기를 괴롭히는 건 이해가 잘 안 돼요. 힘들 때 비수가 되는 말을 들으면 누구나 우울하고 무기력해질 텐데, 거기다 다시 '네가 왜 이렇게 무기력한지 이해할 수 없어.'라고 비난하는 거잖아요. 마치 맞아서 울고 있는 아이에게 뭘 잘했다고 울어 이러면서 더 다그치고 화내는 것 같아요. 그렇게 하면 아이가 과연 울음을 그칠까요?"

은미 씨가 당황해하는 기색이 보였다. 너무 당연해서 생각지도 못했던 점을 이야기해서였을까?

"저도 알아요. 머리로는 알 것 같아요. 그런데 마음내로 되지 않아요. 나를 미워하고 싶지 않은데 자꾸 미워하게 되고 화가 나요. 답은 아는데 답대로 할 수 없어서 답답하고 화가 나요. 나를 사랑하자고 다짐해도 결국은 이렇게 돼요. 저는 왜 그럴까요?"

뫼비우스의 띠

이제 은미 씨와 이야기는 다시 원점으로 돌아간다.

은미 씨는 때때로 사소한 일에도 상처받고 괴로워한다.

은미 씨는 겨우 이런 일에 자신이 상처받는다는 사실 자체에도 상처받는다.

더 나아가 이런 상황을 알면서도 굴레에서 벗어날 수 없다는 사실을 생각하며 무력감으로 고통받는다. 고통스럽다는 이유로 고통스러워지는 끊임없는 굴레이다.

그래서 바로 그 이야기를 해 보려고 한다.

뭐가 문제였는지, 어떻게 이런 일이 벌어졌는지를 살펴보려고 한다.

먼저 오늘의 진료와 면담이 은미 씨에게 도움이 된 부분이 분명히 있을 것이다. 하지만 이 문제는 단순한 논리의 문제가 아니다. 감정의 문제이다. 그렇기 때문에 이후로도 은미 씨는 어떤 실패나 좌절을 경험하면 마치 마법에 걸린 것처럼 비슷한 상황이 반복될 것이다. 어떤 때는 '나는 이럴 수밖에 없어.'라고 하면서 고통 속에서 꿈쩍도 못 할 것이고 어떤 때는 한참이 지나서야 마음이 회복되면서 '그때 내가 왜 또 그랬지.'라고 생각할 것이다.

여러 날이 흐르며 여러 가지 감정이 떠오를 것이다. 어느 날은 오늘 진료에서의 이야기를 떠올리기도 할 것이다. 때로는 이 대화가 위로가 되는 날도 있을 것이며, 또 어떤 날은 우울 버튼이 눌린 순간부터 그 어떤 구원도 없다는 무력감에 압도되어 오늘 진료에서 나눴던 이야기를 아무리 더듬어 보아도 아무것도 붙잡히지 않고 심연 속에서 끝없이 침몰하는 자신을 다시금 볼 것이다.

이제부터 사람들의 우울감과 관련되어 있는 여러 감정들에 대해 이야기해 보려고 한다. 그리고 그 지겨운 사슬을 끊는 것에 대해 이야기해 보려고 한다. 무력감, 무기력감, 공허감으로 가득한, 이 감정들의 삼중주가 만드는 이상한 나라 같은 내면을 여행해 보자. 이 책을 다 읽을 때쯤이면 무력감, 무기력감, 공허감과 이 감정들 사이의 관계를 이해할 것이다. 그리고 도대체 이런 지긋지긋한 일이 왜 끝나지 않는지, 왜 이런 모순이 생기는지 이해할 것이다. 아마도 그때는 이런 상황에서 오래 세월 나와 함께 해 온 나에게 전혀 다른 감정이 생길지도 모르겠다. 말도 안 되는 이런 상황을 이렇게나 오래 버텨 준 나의 생명력에 대해 지금까지와는 전혀 다른 감정이 생길지도 모르겠다.

사실 동의하기 어려울 수도 있지만 우울한 당신은 자신을 싫어하는 것이 아니다. (환자들에게 가장 많이 듣는 말 중 하나는 자신이 싫다는 말이다. 다른 하나는 자신을 더 이상 용서할 수 없다는 말이다.) 무관심하고 냉담하기만 한 것도 아니다. 다만 애정의 방향이 이상하게 꼬여 있을 뿐이다. 사실 내가 나에게 아무런 애정이 없다면, 내가 실패하고 좌절했을 때 먼 타인에게 그러하듯 오히려 너그럽고 따뜻하게 대하지 않았을까? 타인의 고통에 쉽게 연민과 동정을 느끼는 것처럼 나에게도 그러지 않았을까?

너무 사랑하기에 더욱 미워지고 너무 가깝기에 더욱 큰 상처를 주고받는 역설적인 관계가 이 세상에 있다. 나와 나 자신의 관계이다. 마음속 이 이상한 나라를 산책해 보자. 아무쪼록 이 책이 오랜 우울에 절망한 누군가에게, 그런 지인이 곁에 있어 어려움을 겪는 누군가에게 조그마한 위로가 되기를 바란다. 그리고 우울한 나 자신이 도무지 이해가 안 되어 괴로운 누군가에게, 곁의 누군가가 우울감에 고통스러워할 때 이해가 가지 않아 도와줄 수 없어 괴로운 누군가에게 작은 도움이 되기를 바란다.

2장

이 감정은
어디서
생기는 걸까?

생각이 감정을 낳는다

돌이킬 수
없다는 생각

내담자들에게 때로 이런 질문을 던져 본다. "우울하니까 자꾸 우울한 생각을 하게 되나요? 아니면 우울한 생각을 하다 보니 우울해지는 것 같나요?" 이 질문에는 의도가 있다. 우울한 생각이 먼저인지 우울한 감정이 먼저인지 궁금해서 묻는 것이 아니다. 그보다는 내담자가 자신의 우울감에 대해 어떻게 판단하는지를 알아보려는 질문이다. 그리고 이를 통해 우울감으로 고통받는 자신을 향한 감정을 탐색하려는 질문이기도 하다.

공교롭게도 오랫동안 우울감에 시달린 사람들의 경우 감정이 생각보다 더 근본적인 것 같다고 말하는 경우가 많았다. 미칠 정도로 우울감이 몰려오는데 도대체 왜 우울한지 알 수 없어 답답하다고 이야기했다. 그렇다면 이들의 말처럼 정말 감정이 근본적인 원인일까?

확실히 어떤 이들은 특별히 이유도 없이 갑자기 몰려드는 우울감을 경험한다. 화재가 났는데 어디서부터 시작되었는지 알 수 없다. 내담자들은 빈 공간에서 우울감이 튀어나와 순식간에 가득해지는 것 같다고 말한다. 이들은 이 부조리한 감정에 열심히 맞서 보지만 감정은 불나방 같아서 쫓아도 다시 몰려든다. 애써 진정해도 금세 우울해지기 일쑤다. 그래서 시간이 흐르며 도무지 이 감정을 극복할 수 없다는 좌절이 차곡차곡 쌓이고, 그 경험이 누적되며 무력감이라는 소감이 된다. 그래서 어떤 사람은 우울해질 때 단순히 우울감만 느끼는 것이 아니라 우울감과 무력감을 동시에 느낀다.

감정, 생각에 대한 소감

우울감과 무력감을 동시에 느낀다는 것은 무슨 말일까? 이 두 감정이 서로 다른 것이어서 분리될 수 있다는 말일까? 답은 '그렇다'이다. 생각에는 그에 합당한 소감이 따른다. 감정이 바로 생각에 대한 소감이다. 웃긴 영화를 보면 웃다. 슬픈 영화를 보면 슬프고 무서운 영화를 보면 무섭다. 마찬가지로 웃긴 생각을 하면 웃기고, 슬픈 생각을 하면 슬퍼진다. '고통스럽지만 할 수 있는 것이 없다.'라는 생각에는 무력감이라는 감정이 따라온다.

우울감은 어떤 생각에 대한 감정일까? 상실에 대한 소감이다. 가지고 있던 소중한 것을 잃어 버렸다는 생각에 대한 소감이다. 그 대상은 한정되지 않는다. 귀중한 물건일 수도 있고 가까운 가족이나 친구 등 관계의 상실일 수도 있다. 신념이나 자기에 대한 믿음, 자신감, 자존감 등 무형의 상실도 우울감의 주요한 원인이다. 무력감과 우울감을 연결해 보면, 우울감에 대한 무력감이 어떤 감정일지 상상해 볼 수 있다. '나에게 정말 중요한 것을 잃어 버렸는데 다시 회복할 수 없다.'는 생각에 대한 소감이 우울감에 대한 무력감이다.

우울한 사람에게는 긍정적인 조언이 도움이 되지 않는 경우가 많다. '힘을 내. 누구나 이런 경험을 하지만 다 극복하고 열심히 살아. 너도 할 수 있어. 다 잘 될 거야.' 이런 긍정적인 말들은 우울감에 대해 무력감을 느끼는 사람들에게 때로 전혀 다른 의미로 전달된다. 이들은 이런 말을 들을 때 오히려 자신의 무력감을 자연스럽게 떠올린다. 남들과 달리 자신은 극복할 수 없을 것이라는 생각이 저절로 떠오르며 이에 대한 소감에 흠뻑 빠진다. 집을 잃은 달팽이가 햇살에 닿아 고통스러워하는 것처럼 이들은 남들에게는 평범해 보이는 말에도 고통을 느낀다. 무력감이라는 고통이다.

누군가의 따뜻한 한 마디가 때로는 이렇게 마음을 이상하게 형클어 놓기도 한다. 그래서 우울하고 외로운 사람이 외로움에 힘들어하면서도 더욱 혼자 있으려 하는 것이 이상한 일이 아니다. 주변 사람도, 심지어 본인도 자기가 이해되지 않더라도 때로 마음은 이렇다. 이런 영문을 알 수 없는 마음의 행보를 따라가며 무슨 일이 생기는지 살펴보자. 감정과 생각의 밧줄을 붙잡고 좀 더 올라가 보자.

우울감은 어떤 생각에 대한 감정일까?
상실에 대한 소감이다.
가지고 있던 소중한 것을
잃어 버렸다는 생각에 대한 소감이다.

감정이 먼저일까
생각이 먼저일까

감정은 두 가지로 나눌 수 있다. 일상적인 감정과 병리적인 감정이다. 병리적 감정이라고 해서 고장 났다는 의미는 아니다. 일상적이지 않은, 쉽게 경험할 수 없는 상황이나 생각에 대한 감정이어서 병리적이라는 뜻이다. 무력감이 일상에서 쉽게 경험되지 않는 대표적인 병리적 감정이다. 최선을 다한 노력이 실패했고 더이상 할 수 있는 것이 없을 때, 그 순간의 좌절에 대한 소감이 바로 무력감이다.

다시 처음의 질문으로 돌아가 보자. 우울한 생각을 해서 우울해지는 것일까? 아니면 우울한 감정 때문에 우울한 생각을 하게 되는 것일까? 닭과 달걀의 끊임없는 순환과 달리 의외로 답이 있는 문제이다. 바로 생각이 먼저이다. 우울한 생각을 하면 우울한 감정이 든다. 거울에 무언가 비칠 때는 그 무언가가 거울 앞에 놓인 것이다. 같은 이유로 어떤 사람이 멍하니 창밖을 보다 갑자기 몰아닥친 우울감에 시달린다면, 허공에서 갑자기 우울한 감정이 출현한 것이 아니라 자신도 모르는 사이에 우울한 생각에 빠진 것이다. 팥 심으면 팥 나고 콩 심으면 콩 나는 것처럼, 우울한 생각을 하며 우울감을 느낀 것이다.

주민 씨 이야기

주민 씨는 어린 시절부터 자신의 삶이 무척 힘들었다고 이야기했다. 맞벌이하는 아버지와 어머니는 너무 바쁜 데다가 부부싸움도 격렬했다. 아버지가 싸운 뒤 화를 내며 나가면 어머니는 어린 주민 씨에게 여러 가지 하소연을 했다. '엄마가 나 때문에 힘들어도 참고 사는구나.'라는 생각을 하며 주민 씨는 어머니의 한탄을 열심히 들었다. 그러면서 절대로 엄마를 힘들게 하지 않겠다고 다짐했다.

주민 씨는 누군가에게 짐이나 부담이 되는 일을 끔찍하게 싫어했다. 그래서 힘든 일이 생기더라도 다른 사람에게 말하지 않고 혼자 떠 앉았다. 주민 씨의 어려움을 먼저 알아봐 주는 사람은 드

물었지만 주민 씨는 폐가 되지 않아 다행이라고 생각하며 의연했다. 주민 씨는 이렇게 무슨 일이든 혼자서 척척 해 왔고, 혼자인 순간을 차분하게 즐기는 독립적인 사람이었다.

하지만 그런 주민 씨가 사실은 사춘기 무렵부터 죽고 싶다는 생각을 종종 했다고 한다. 그럴 때 주민 씨는 왜 굳이 살아야 하는지 스스로에게 질문을 했지만, 아무리 생각해 보아도 답을 찾지 못했다. 세월이 흐르고 경험이 쌓이며 삶의 이유를 알까 싶었지만, 주민 씨가 끝내 얻은 답은 이 세상은 딱히 살아야 할 가치가 없다는 것이었다. 대학 진학, 취업, 연애, 결혼 등 숨 가쁘게 이어지는 인생의 트랙 위에서 주민 씨는 순간순간 왜 굳이 이 힘든 길을 가야 하는지 의문이 들었다.

여기서 주민 씨의 생각이 참인지 거짓인지가 중요한 것이 아니다. 생각에는 그저 이에 대한 소감이 있다. 고통스러운 삶인데 굳이 세상을 살아야 할 이유가 없다는 생각에 대한 소감은 슬픔일 것이다. 왜냐하면 당연히 주어진 줄 알았던 삶의 가치에 대한 감각이 나에게 없다는, 상실의 소감이기 때문이다. 더군다나 나에게 주어져 있던 소중한 것을 상실했고 다시는 찾을 수 없다는 생각은 깊은 상실감, 즉 우울감에 대한 무력감으로 이어진다. 다시 말하지만 주민 씨의 생각이 참인지 거짓인지와는 상관없다. 나에게 이 세상을 살아야 할 가치가 없다는 생각에 따르는 소감이 깊은 우울감이고, 여기서 결코 회복할 수 없다고 느낄 때 무력감을 느낄 뿐이다.

주민 씨는 진심으로 인생은 살 가치가 없다고 생각했기에 진심으로 우울해졌다. 하지만 생각은 뒤로 빠지고 우울한 감정만 도드라졌다. 주민 씨는 때때로 깊은 우울감에 빠진다. 날이 추워지고 잎사귀가 하나둘 떨어지는 가을이 되면 감춘 진실이 드러나듯 깊은 슬픔과 상실감이 순식간에 주민 씨를 뒤덮는다. 그럴 때마다 무력하고 고통스러워하던 주민 씨는 이유 없이 이러는 자신을 도무지 이해할 수 없어 힘들고 답답하다고 했다. 하지만 아무 이유 없이 우울감 속에서 허우적댄다면, 나를 우울하게 만드는 생각에 진심인 까닭이다. 주민 씨는 갑작스런 우울감에 깜짝 놀라고 비탄에 빠졌지만, 정작 우울한 생각을 하고 있다는 원인은 간과했다. 왜 이토록 당연한 연결이 누락되었을까? 주민 씨는 왜 알아차리지 못했을까?

너무 당연한 생각은 공기와 비슷하다. 물 밖에 나가 보지 않은 물고기가 자신이 물속에 있음을 알아차리지 못하는 것처럼, 늘 하고 있는 생각은 너무나도 당연하여 굳이 '왜 이런 생각을 하지?'라는 물음표가 달리지 않는다. 반면에 감정은 생각과는 다르다. 감정에는 '왜 이런 감정이 생기지?'라는 의문이 뒤따라온다. 감정은 생각과 달리 늘 즉각적이고 생생하기 때문이다.

감정은 생각에 대한 그 순간의 소감이다. 감출 수 있어도 유예하거나 보류할 수는 없다. 생각하는 그 순간, 내 생각에 대해 느끼는 솔직한 소감이어서 그렇다. 그래서 주민 씨는 늘 우울한 생각을 하면서 자신이 그러고 있다는 사실을 인지하지 못했다. 설령 잠깐 그 사실을 알아차리더라도 부정할 수 없는 진실이라고 생각하며 자신의 당연한 생각에 관심을 거뒀다. 이런 식으로 우울한 생각은 주민 씨도 모르게 자연스럽게 흘러간다. 하지만 어쨌든 생각에는 그저 그에 대한 소감이 있을 뿐이다. 우울한 생각을 하고 있다는 사실을 알든 모르든 그저 그에 대한 주민 씨의 소감이 있는 것이다.

마음은
비어 있지 않다

주민 씨는 자신의 우울한 생각을 사실이라고 생각한다. 그래서 주민 씨에게 우울한 생각은 그림을 그릴 때 배경이 되는 빈 종이에 가깝다. 종이에 그려진 그림이야 쉽게 눈에 띄지만 배경이 되는 빈 종이에도 이에 대한 소감이 있다는 사실은 잘 알아차리기 힘들다.

이렇듯 바탕이 되는 생각들은 마치 주위를 둘러싼 공기처럼 존재한다. 그래서 의심을 품지 않는다면 그 존재를 알아차리기 어렵다. 이런 생각은 감정의 줄을 따라 조심조심 올라가야 겨우 그 존재를 만날 수 있다. 감정의 줄을 잡고 따라 올라가다 보면, 내가 나와 세상에 대해 품고 있는 마음 깊은 곳의 생각을 만날 수 있다.

요즘 주민 씨는 많이 우울해졌다. 우울한 감정이 뜬금없이 튀어나온다. 아무런 조짐이나 설명도 없이 무작위적이고 반복적이다. 그럴 때 주민 씨는 이렇게 쉽게 고통스러워지는 자신을 다시금 되새기며 짜증이 나고 답답하다. 그렇지만 왜 이러는지 알 도리도, 고칠 방법도 없다. 그래서 혼자 있는 시간을 좋아하던 주민 씨가 이제는 혼자 생각에 잠기는 시간을 피한다. 자신의 감정과 생각을 만나는 일이 꺼려진다. 그러니까 주민 씨는 자기 자신과 만나는 일이 불편해졌다.

왜 이렇게 되었을까? 주민 씨는 우울한 감정이 갑자기 빈 공간에서 튀어나온다고 생각했지만, 그 빈 공간에는 주민 씨도 알아차리지 못한 우울한 생각이 가득 차 있었다. 그리고 공기가 바람으로 자기 존재를 드러내는 것처럼, 너무 당연한 생각들이 감정이 되면서 주민 씨를 덮쳤다. 그럴 때 주민 씨는 갑자기 몰아닥치는 영문 모를 감정의 소용돌이에 괴로워했다.

가장 고통스러운 감정

더군다나 주민 씨는 우울감을 가라앉히려 노력해도 소용없다는 경험을 여러 차례 반복했다. 일단 발동이 걸린 우울감은 결국 자신을 삼켜 버린다. 그래서 주민 씨는 우울감의 자그마한 불씨만 보여도 불편하고 피하고 싶다. 주민 씨가 자기 자신과 있는 것을 싫어하는 이유다. 별것 아닌 일에도 쉽게 움츠러드는 자신에 대해 주민 씨는 '나는 고장 났고, 답이 없다.'라고 생각한다. 주민 씨는 이 생각에 대해 어떤 소감을 갖게 될까?

우울감이라는 그물에 갇혀 끊임없이 탈출을 모색하다가 차츰 좌절하며 무력해지는 과정이 우울의 긴 여정이기도 하다. 주민 씨는 우울에 무력한 자신과 너무 오랜 시간을 함께했고 모든 노력이 소용없었다. '고장 났지만 고칠 수 없다.'라는 뿌리 깊은 생각은 하루아침에 생긴 것이 아니다. 그래서 주민 씨는 마음속 깊숙한 곳이 들쑤셔지는 날이면 형용하기 힘든 불쾌한 느낌에 휩싸여 그저 모든 것이 빨리 지나가기만을 기다린다. 주민 씨는 이렇게 우울할 때 무력감으로도 고통받는다. 우울한 순간에 숨이 막히고 가슴이 짓눌려진다. 그러면서 우울감에 대해 무력한 자신을 보며 다시 우울해진다.

많은 사람들이 우울할 때 가볍게 산책이나 운동을 하면 좋다고 조언한다. 친구나 가족과 시간을 보내는 것도 위로와 도움이 될 것이다. 하지만 이 모든 방법이 무력해지는 우울감도 이 세상에는 존재한다. 우울감도 힘들지만, 우울한 순간에 이 우울감에 대해서 아무것도 할 수 없다는 무력감에 짓눌리며 몸서리치는 사람들이 세상에 있다. 우울감에서 벗어날 수 없다는 생각은 우울감에 대한

무력감을 낳는다. 무력감이야말로 가장 고통스러운 형태의 우울
감이지 않을까 싶다.

　　　　　　　나를 지키는 용기

나에 대한
감정

지영 씨는 어린 시절부터 오랜 기간 사촌에게 성추행을 당했다.
사촌은 너도 이런 행동을 즐긴다고 하면서 다른 사람이 알게 되면
네 손으로 집안을 망치는 것이라고 했다. 청소년이 되면서 지영
씨는 자신이 당하는 것이 성추행이라는 자각이 생겼지만, 가족에
게 피해가 될 것 같아 털어 놓지 못했다. 그렇게 시간이 흐르면서
지영 씨 자신도 '나도 즐기는 건가?'라는 의심을 하게 되었다고 했
다. 그런 생각에 괴로워하다가 다른 누군가도 자기가 즐긴 것이라
고 생각할지도 모른다는 생각이 떠오르자 지영 씨는 자신이 수치
스러워 견딜 수 없었다고 했다. 이렇게 한참을 괴로워하다가 지영
씨는 마침내 엄마에게 이런 사실을 알렸다.

지영 씨 이야기

가족들은 속상하고 힘들어했지만 지영 씨에게 힘이 되어 주지는 못했다. 아버지는 친척과 왕래를 끊었으니 이제 해결되었다고 했다. 친척들도 성행위는 없었으니 덮고 넘어가자고 말했다. 지영 씨의 어머니는 그런 아버지와 친척들에게 불같이 화를 내면서, 지영 씨에게 본인도 어릴 때 비슷한 일이 있었고 네 심정을 이해한다고 말했다. 하지만 어머니의 뒤이은 말이 지영 씨에게는 지금도 생생하다. 어머니는 "시간이 지나면 별일 아니다. 없었던 일처럼 잊고 살면 된다."라고 했다. 이때 지영 씨는 아득히 절망스러웠다고 했다. 이 세상에 진짜 내 편은 아무도 없다는 소외감이 지영 씨를 뒤덮었다. 지영 씨는 '내가 잘나지 못해서 이렇다.'라는 생각을 반복하며 화가 부글부글 끓어올랐다. 자신이 얼마나 무가치하면 이런 취급을 받을까 하는 생각이 가슴을 찔렀고 너무 괴로워서 슬프고 화낼 겨를도 없었다.

어느덧 성인이 된 지영 씨는 순식간에 먹구름이 끼듯 우울해지고 불안해지는 자신에게 결함이 있다고 생각한다. 숨쉬기 힘들 정도의 우울과 불안이 찾아와도 할 수 있는 것이 없다고 했다. 그리고 그렇게 괴로워하다 보면 어디선가 부글부글 분노가 올라왔다. 이때 분노는 지영 씨를 이렇게 만든 세상에 대한 것이기도 하지만 동시에 이러고 있는 지영 씨 자신을 향한 것이기도 했다.

지영 씨에게는 때때로 견딜 수 없는 불안이 찾아온다. 영문을 모를, 견디기 힘든 불안이 지영 씨를 덮친다. 그럴 때 지영 씨는 칼로 손목을 긋는다. 이유는 알 수 없지만 이렇게 피를 보면 잠시나마 마음이 안정된다고 했다. 하나도 아프지 않고 오히려 상쾌하다고 했다. 자신을 해쳐서 찾아오는 평안이라니 이해하기 어렵다. 하지만 불안감에 압도되는 지영 씨에게 자해는 불안을 줄이려는 시도이고 지영 씨는 다른 방법을 찾지 못했다. 지영 씨는 그래서 자신이 정말 싫기도 하다. 이유도 없이 이렇게 허우적대는 자신을 용서할 수 없다. 자해하고 난 뒤 잠시의 평안이 지나가면 한여름에도 반팔 티셔츠를 입을 수 없게 스스로를 망치고 있는 자신이 미워서 견딜 수 없다고 했다.

같이 살고 있는 동거인이 나를 너무 미워해서 나를 죽이겠다고 위협하기 일쑤다. 그러던 어느 날 동거인이 갑자기 칼을 만지작거리며 나를 죽일 듯이 노려본다. 당연히 불안하고 무섭고 도망치고 싶다. 그런데 동거인이 아니라 내가 나를 미워하며 해치고 싶어 해도 다를 이유가 없다. 차라리 동거인이라면 도망이라도 칠 텐데, 마음의 방에서는 도망칠 공간이 없다. 나를 향한 그 거대한 분노 앞에 죽을 것처럼 불안해진다.

그래서 지영 씨는 자신에 대해 죽이고 싶은 분노를 느낄 때 같은 이유로 죽을 것만 같은 불안을 동시에 느낀다. 이때의 분노와 불안은 동전의 앞면 뒷면처럼 하나이지만 지영 씨에게는 그렇게 느껴지지 않는다. 끔찍한 불안에서 벗어나려 절박하게 자해를 한다. 하지만 잠시뿐이다. 지영 씨는 다시 자해를 하는 자신을 용서하지 못하고 분노에 빠진다. 다시 그 분노 앞에 불안해지고 자해 충동으로 이어진다. 자해를 함으로써 나를 향한 분노와 공격성을 무마시킨다. 나를 향해 이빨을 드러내는 맹수와 한 우리에 갇힌 것 같다.

대상이 나인 감정

무력감, 무기력감, 공허감은 이렇게 양면적인 감정이다. 대상이 나인 감정들이 그렇다. 나를 죽이고 싶어 하는 분노감이 죽을지도 모른다는 불안과 하나이듯, 나에 대한 가치판단을 담고 있는 생각에 대해 감정은 양면적이다. 그래서 양면적인 감정을 이해한다는 것은, 서로 다른 것으로 보이는 감정들이 사실은 하나의 생각에서 비롯되었다는 사실을 알아차리는 일이기도 하다.

감정의 양면성을 이해하는 것은 중요하다. 왜냐하면 감정의 양면성이 통합되지 않을 때 두 감정은 하나의 진자처럼 반복하기 때문이다. 메아리가 산 사이에서 끊임없이 이어지듯 통합되지 않은 양면적인 감정은 끊임없는 연쇄를 만든다. 반대로 이 감정의 가닥을 잡고 올라가다 보면 이 감정들을 통합시키는 하나의 생각을 만날 수 있다. 내가 나와 세상에 대해 가지고 있는 생각이다. 이렇게 하나의 생각으로 통합된 감정은 더 이상 메아리처럼 분열되지 않는다.

3장

나아질 수 없다는
생각

무력감, 가장 고통스러운 감정

무력감은
어떤 느낌일까

농담처럼 흔하게 사용되는 트라우마라는 말이 사실 그렇게 가벼운 단어는 아니다. 트라우마란 개인이 죽을 정도로 심각한 위기나 재난을 겪을 때 생기는 정신적 후유증이다. 트라우마는 한 사람의 삶에 지워지지 않는 흉터 같은 것이다. 트라우마 연구는 베트남 전쟁에서 비롯했다. 귀국한 참전 군인들에게서 알코올 중독, 자살 등의 사례가 빈발하자 이 현상을 조사하는 과정에서 연구가 시작되었다.

언뜻 생각해 보면 언제 죽을지 모를 전장에서 귀국한 군인들은 이제 행복하게 살 것 같다. 갈증에 시달린 사람이 물의 소중함을 아는 법이다. 전장에서 돌아온 이들에게는 나른한 일상조차 남다른 경이였을 것이다. 그런데 예상과 달리 이 역전의 용사들은 평화로운 조국에서 오히려 더욱 괴로워하며 전쟁의 환영을 떨치지 못했다. 지하철을 타면 열차 소음이 총소리로 들렸다. 자동차 경적 소리에도 소스라치게 놀랐고 전쟁터의 한복판에 있는 악몽으로 잠을 설쳤다. 몸은 전쟁터를 벗어났지만 마음은 여전히 그 가운데 머물러 있었다.

그래서 어떤 이들은 시간이 흘러도 이 악몽에서 벗어날 수 없음을 알게 되었다. 평화로운 곳에서 이들만은 홀로 전쟁터에 있었다. 자신에게조차 이해받지 못하는 지독한 고립감 속에 많은 이들이 공황과 우울에 시달렸고 술과 마약에 의지했다.

왜 전쟁터의 역경을 이겨낸 군인들이 평화로운 일상에서 이토록 고통받았을까? 아마도 베트남에서 이들은 집에 돌아갈 수 있다는 꿈이 있었을 것이다. 조국에서 가족과 친구를 만나리라는 희망으로 힘겨운 하루를 버텼을 것이다. 그러나 정작 귀국해도 전쟁터의 악몽에서 벗어날 수 없다는 것을 알게 되었고 이들은 출구 없는 감옥에서 무력감에 휩싸였다.

무력감 실험

무력감은 구체적으로 어떤 감정일까? 이것을 설명해 주는 실험이 있다. 1970년대에 시행된 개를 우울하게 만드는 실험이다. 개를 철창에 가둔 후 불규칙적으로 전기 충격을 가했다. 개는 고통에 몸부림쳤고 탈출을 시도하거나 발버둥 치며 도움을 구했다. 하지만 모든 행동이 무의미하다는 것을 알게 되면서 개는 점차 무력해졌다. 개는 이제 전기 자극이 가해져도 꿈쩍하지 않은 채 눈을 감고 몸을 떨기만 했다. 잠도 잘 자지 못했고 물이나 식사도 현저히 줄었다. 하지만 아직 개가 우울에 빠졌는지는 불확실했다.

이번에는 실험 내용에 변화를 주었다. 잠겼던 문을 열고 전기 충격을 가했다. 개에게도 문이 열려 있어 언제든지 도망칠 수 있음을 확인시켰다. 그렇지만 개는 여전히 꿈쩍하지 않았다. 대조군의 다른 개들은 전기 충격을 받자마자 발광하듯 도망갔으나 이 가엾은 개는 열린 문 밖으로 도망가는 다른 개들을 힐끔 보고는 눈을 감은 채 몸을 떨 뿐이었다. 지금은 동물 윤리상 행해질 수 없겠으나 이렇게 만들어진 절망(hopelessness) 모델의 개들은 우울증 연구와 치료제 개발에 이바지했다.

왜 이 개는 문이 열린 것을 알면서도 도망가지 않았을까? 추측컨대 이 개에게는 전기 충격으로 인한 몸의 고통보다 마음의 고통이 더 컸던 것이 아닐까 싶다. 전기 충격이 가해지며 개는 몸도 아팠겠으나 그보다 아무것도 할 수 없다는 절망감이 가득했을 것이다. 이러한 느낌을 무력감이라고 한다. 무력감은 '고통스럽지만 벗어날 수 없다.'라는 생각에 대한 소감이다.

도망치고 싶지만 도망칠 수 없다

무력감은 정신적인 측면에서는 기대와 희망이 없는 느낌, 꽉 막히고 암담한 느낌이다. 신체적으로는 가슴이나 목에서 답답함이 지속되는 느낌이다. 만성적일 수도 있고 급성적일 수도 있다. 좀 더 분명하게 무력감이라는 감정을 이해하기 위해 다음의 상황을 상상해 보자. 쥐가 쥐덫에 걸렸다. 아무리 애를 써도 탈출할 수 없다. 그래서 쥐는 어느 순간부터 더 이상 몸부림치지 않는다. 아무리 몸부림쳐도 벗어날 수 없다는 것을 알았기 때문이다. 쥐는 이 판단에 대한 소감으로 가슴의 답답함, 암담한 느낌, 불안정감을 경험할 것이다. 만성적인 형태의 무력감이다.

그런데 하필 그 순간 고양이가 날카로운 이를 빛내며 쥐를 향해 다가오기 시작한다. 이때 쥐는 어떤 상태를 경험할까? 도망치지 않으면 죽을 것 같다는 본능이 엄습한다. 죽도록 도망치고 싶다. 하지만 동시에 죽어도 도망칠 수 없다는 경험도 존재한다. 그래서 죽도록 도망치고 싶지만 동시에 죽어도 도망칠 수 없는 모순에 빠진다.

목숨이 달린 끔찍한 상황에서 고양이는 점점 다가온다. 바로 이때 느껴지는 정서적 신체적 느낌이 급성 무력감이다. 그 순간 마치 고래 싸움에 새우 등 터지는 것처럼 꽉 끼여 옴짝달싹 할 수 없는 강한 압박감을 경험하게 된다. 아마도 이 쥐는 심장은 미친 듯이 뛰고 가슴이 짓눌려 숨도 잘 쉬어지지 않는 상태일 것이다. 정신적으로는 당장 피해야 한다는 느낌과 아울러 도저히 피할 수 없다는 절망감이 엄습한다. 그래서 이 쥐는 컴퓨터로 치면 다운되는 것처럼 머릿속이 텅 비고 하얘질 것이다. 마치 공황 발작과 비슷하다. 실제로 공황 발작도 급성 무력감의 유형 중 하나이다. 다음 글에서는 쥐가 아니라 사람의 경우를 살펴보려고 하는데 생각보다 유사한 점이 많다.

공황과
트라우마

삼십 대 초반 현철 씨는 직장에 잘 적응하지 못하며 몇 차례 퇴사를 반복했다. 비슷한 상황이 반복되면서 이제는 어떤 말도 변명이나 위안이 되지 않았다. 점점 자신감도 떨어져 갔다. 그래서 현철 씨는 새로 취업한 직장에서는 반드시 버티리라 결심했다. 그렇지만 살다 보면 이런저런 일이 있기 마련이다. 그래서 '절대'나 '반드시' 같은 말들은 그 말을 하는 순간의 각오일 뿐이지, 실제 인생이 어떻게 흘러갈지는 다른 문제다. 벼랑 끝에 선 각오로 현철 씨는 절대 그만두지 않겠다고 다짐했지만 하필 업무는 까다로웠고 까칠한 상사들은 상대하기 어려웠다. 실수가 반복되며 꾸지람이 늘어날수록 현철 씨는 점점 위축되었다. 이런 경우 그만두는 것도 나름의 선택지다. 하지만 현철 씨는 도망치며 살아 온 지난날을 몹시 후회했기에 '결코 물러서지 않겠다.'라고 다짐했다. 때로는 이렇게 내려놓는 것이 죽는 것보다 더 어려운 것처럼 느껴진다. 죽도록 도망치고 싶지만 죽어도 도망칠 수 없는 나날이 이어졌다.

그러던 어느 날 현철 씨는 출근길 버스 안에서 갑자기 숨이 쉬어지지 않는 경험을 했다. 심장이 미친 듯이 뛰고 정신이 혼미해지며 죽을 것만 같았다. 난생 처음 느껴보는 불안과 공포감이었다. 바로 공황 발작이다. 철창 안의 개가 전기충격을 가할 때마다 숨이 막히고 가슴이 짓눌렸던 것처럼 현철 씨도 버스 안에서 머릿속이 하얘지며 가슴이 짓눌려 숨쉬기가 힘들어졌다. 현철 씨는 물리적으로는 갇혀 있지 않지만 삶의 철창 안에서 생각의 덫에 갇혀 무력감을 경험했다. 그 순간 현철 씨는 앞의 쥐나 개의 상태와 다를 게 없다.

트라우마의 원인

트라우마, 무력감, 공황 발작에 대한 이야기가 두서없어 보이겠지만 그렇지 않다. 왜냐하면 이 모두는 단지 무력감이기 때문이다. 여기서는 트라우마를 통해 무력감의 특징을 좀 더 살펴보자. 트라우마와 관련하여 세 가지 대표적인 증상이 있다. 트라우마를 경험한 사람은 관련된 자극에 과도하게 각성하고, 재경험에 시달리고, 자극을 회피한다. 사건 이후 한 달 이상 이러한 증상이 지속된다면 외상후 스트레스 장애(PTSD)라 진단을 내릴 수도 있다. 베트남 참전 군인의 사례 역시 트라우마의 세 가지 증상인 과각성, 재경험, 회피를 잘 보여 준다. 자동차 경적 소리에도 소스라치게 놀랐고(과각성), 지하철 소음이 총소리처럼 들렸고(재경험), 트라우마가 연상되는 장소나 개인을 두려워하여 서로를 이해해 줄 전우조차 만나기를 꺼렸다(회피).

한편 모든 베트남 참전 군인이 트라우마에 시달린 것은 아니었다. 죽을 위기에 처했어도 트라우마를 보이지 않는 사람도 많았다. 증상의 지속 기간 또한 다양했다. 동일한 사건에 대해서도 어떤 이들은 짧은 기간 트라우마를 겪었지만 어떤 이들은 평생을 벗어나지 못했다. 죽을 정도의 위기는 트라우마의 발생 조건 중 하나일 뿐, 그 외에 다양한 요소가 관련이 있는 것으로 보였다. 데이터가 축적되며 조금씩 윤곽이 그려졌다. 어떤 경우에는 심각한 재난에서도 발생하지 않던 트라우마가 상대적으로 사소해 보이는 일에 생겼다. 참전 군인들도 전쟁터가 아니라 평화로운 조국에서 비로소 트라우마에 시달렸다. 그렇다면 트라우마의 원인은 무엇일까?

바로 무력감이 어떤 사건이 트라우마가 될지를 결정한다. 그렇다고 무력감을 피하기 위해 마음을 단단히 먹고 의지를 다진다고 트라우마를 피할 수 있다는 말이 아니다. 오히려 의지나 정신력이 높은 사람이 더 심각한 트라우마에 시달린다. 무력감은 정신력이나 의지를 소진한 순간에 비로소 생기는 감정이어서 그렇다. 그 어떤 방법도 소용없다는 판단이 내려지기 위해서는 할 수 있는 가능한 모든 시도를 해야 한다. 그 모든 시도가 좌절되었을 때 무력감이 찾아온다. 죽을 정도의 고통을 주는 사건에서 아무것도 할 수 있는 것이 없다는 판단과 느낌에 압도되는 것이 트라우마의 무력감이다. 자아가 더 이상 이런 무력감의 고통을 경험하지 않고 안전해지고 싶은 마음이 트라우마의 본질이다.

전쟁터의 일상은 생과 사의 갈림길의 연속이다. 군인들은 전쟁터에서 분명 심각한 스트레스에 시달렸을 것이다. 그래도 이들은 언젠가 전장에서 벗어나 가족과 친구, 연인을 만난다는 희망으로 힘든 순간을 버텼을 것이다. 하지만 귀국 후에도 전쟁터의 스트레스를 떨쳐낼 수 없을 때 스트레스는 이들에게 다른 의미가 되었다. 단순히 스트레스가 지속되었다는 문제가 아니다. 물속에서 숨 쉴 수 없을 때는 물 밖으로 나가면 된다. 하지만 물 밖에서조차 숨이 쉬어지지 않는다면 이야기는 달라진다. 이들은 평화로운 조국에서도 전쟁터에서 벗어날 수 없다는 사실을 알게 되었고 격렬한 신체적 정신적 해일에 압도되었다. 악몽에서 깨어났는데 여전히 악몽 속이라는 무력감이 이들을 덮쳤다.

최선을 다한 사람에게만 생기는 상처

트라우마에 고통받는 개인에게 의지나 정신력이 약해서 생긴 문제라고 말하는 사람들이 있다. 하지만 실상은 반대다. 바람에 쉽게 휘는 갈대는 태풍이 지나간 뒤 쉽게 일어서지만 최선을 다해 버틴 큰 나무는 태풍에 쓰러진 후 회복하지 못한다. 무력감은 쉽게 경험되는 일상적인 감정이 아니다. 가진 자원을 모두 사용한 노력마저 좌절한 뒤 경험하는 감정이다. 무력감을 느낀 개인은 자신이 가진 모든 내적 외적 자원을 소진하면서 최선을 다한 것이다.

트라우마를 피하기 위해서는 오히려 대충 하자는 마음가짐이 도움이 된다. '포기하면 편해.'라는 안일해 보이는 말이야말로 오히려 트라우마를 피하는 좋은 방법이다. 현철 씨라고 회사를 관둘 때마다 공황을 경험했던 것은 아니었다. 오히려 최선을 다하며 버티겠다고 다짐한 상황에서 비로소 공황을 경험했다. 그 다짐 한가운데 도망칠 수도 도망치지 않을 수도 없는 고통스러운 틈바구니가 생겼고 그 사이에 현철 씨는 꼼짝없이 끼었다. '죽도록 도망치고 싶지만 죽어도 도망칠 수 없다.'라는 판단에 대한 소감이 무력감이다. 그래서 현철 씨의 심장은 그렇게 강하게 조이며 미친 듯이 뛰었고 머릿속이 하얘지며 죽을 것만 같았다. 이번에 현철 씨는 진심으로 최선을 다했기 때문이다.

무력감은 '고통스럽지만 벗어날 수 없다.'라는 생각에 대한 소감이다.

감정과 생각이
단절될 때

    무력감이 무력한 생각의 소감이라면, "무력한 생각을 안 하면 되겠네?"라고 반문할 수도 있다. 나도 그렇게 생각한다. 무력한 생각을 안 하면 된다. 하지만 현철 씨는 그럴 수 없었다. 반드시 회사에서 버텨야 했는데 동시에 너무 버티기 힘들다는 것은 현철 씨에게 부정할 수 없는 현실이었다. 더군다나 현철 씨는 이런 상황을 낙관적으로 생각하는 것이야말로 정신승리이고 기만이라고 생각했다. 배고플 때 배고픔을 부정할 수 없는 것처럼 무력감 또한 부정할 수 없이 실존하는 감정이다. 억지로 묻어 두면 공황 발작이 되어 덮치는 기만할 수 없는 감정이다. 그래서 현철 씨는 무력감을 정면에서 맞으며 공황 발작을 경험했다.

무력감은 무력한 생각에 대한 소감이다. 그런데 의외로 무력한 생각과 무력감이라는 감정을 연결하지 못하는 경우가 많다. 슬픈 영화를 보면 눈물이 나고 웃기는 영화를 보면 웃음을 터트린다. 이런 일상적인 희로애락의 감정은 즉각적으로 앞의 사건과 연결되지만, 무력감 같은 낯선 감정은 쉽게 연결이 되지 않는 것 같다.

현철 씨도 무력한 생각과 무력감을 서로 별개의 일로 생각했다. 현철 씨의 입장에서 설명해 보면 회사도 겨우겨우 버티고 있는 와중에 엎친 데 덮친 격으로 공황까지 생겼다. 그때 현철 씨는 숨이 막히고 심장이 미친 듯이 뛰는 증상을 느끼며 '이제는 몸조차 망가져서 큰일났다.'라는 생각에 절망스러웠다고 한다.

'도망치지 않으면 죽을 것 같다.'와 '죽어도 도망칠 수 없다.' 사이에 놓여 있다는 것은 죽음과 죽음 사이에 놓여 있다는 뜻이다. 그 좁은 공간에서 공황 발작까지 경험한 현철 씨는 이제 모든 것이 끝장이라는 생각만 반복했고 눈앞이 깜깜해졌다. 이렇게 무력감은 메아리처럼 다시 무력감을 불러온다. 2장에서 말한 것처럼 자신을 향한 감정은 부메랑처럼 계속 되돌아온다. 이 둘이 본래 하나였다는 연결성을 알아차리지 못한다면 무력감은 메아리처럼 끝없이 반복된다.

대중교통에서 공황에 시달리던 현철 씨는 회사에 지각했다. 일도 잘 못하면서 지각하는 자신을 못마땅해하는 상사의 얼굴이 떠올랐고 회사에 들어가는 길은 사람들의 시선으로 따가웠다. 현철 씨는 불편한 시선 속에 억지로 발을 떼면서 다시금 공황감이 엄습했다고 한다. 철조망에 휘감긴 채 빠져나오려 몸을 흔드는 것처럼 현철 씨가 아무리 노력해도 고통만 커졌다.

종민 씨 이야기

무력감을 경험하면 트라우마가 생긴다고 했는데, 그럼 어떤 사건이 무력감과 관련 있을까? 개 공포증을 앓고 있는 종민 씨의 사례로 살펴보자. 이십 대의 종민 씨는 어린 시절 개에게 물렸던 기억이 있다. 사납게 쫓아오는 개에게 숨이 턱 끝에 닿도록 도망쳤지만 끝내 잡혔고 물렸다. 울면서 발버둥 치다가 다행히 어른이 오면서 위기에서 벗어날 수 있었다. 종민 씨가 겪었던 이 사건은 트라우마가 되었다. 만약에 어른이 된 종민 씨가 개에게 방심하다 물렸고 화가 나서 발로 개를 뻥 찼다면 트라우마가 되지 않았을 것이다. 무력감을 경험하지 않았기 때문이다.

단순히 사건의 내용이 아니라 당시 상황에서 무력감을 경험했는지가 트라우마의 형성에 중요하다. 트라우마의 증상은 과각성, 재경험, 회피다. 그런데 이 증상들은 사실 트라우마의 반복을 피하려는 마음의 필사적인 몸부림이기도 하다. 사람은 백지 상태의 설명서를 가지고 태어난다. 그래서 사람은 일생에 걸쳐 설명서를 조금씩 채워 나간다. 나는 어떤 사람인지, 세상은 어떤 곳인지, 나를 둘러싼 환경은 어떤지 등등 수많은 경험을 통해 자동적으로 설명서가 채워진다. 트라우마는 이 설명서의 중요 업데이트 사항이다. 트라우마를 피하는 것이 이제 인생에 매우 중요한 과제가 되었다.

다시 종민 씨의 사례로 돌아가자. 종민 씨는 개에게 물려 싸울 수도 도망칠 수도 없는 상태에서 죽을 뻔했다. 종민 씨의 무력감은 개에 대한 트라우마로 이어졌다. 당시 죽을 것 같은 상황에서 도망치고 싶지만 도망칠 수 없다는 모순된 요구로 어린 종민 씨의 머릿속은 하얘졌을 것이고 가슴이 미친 듯이 뛰었을 것이다. 이 정도 수준의 감정적 경험을 하게 되면 이제 개인은 반드시 트라우마의 반복을 피하려 한다. 개의 존재는 이제 종민 씨에게 생사가 달린 문제로 업데이트되었다. 종민 씨는 개가 보이면 자동적으로 심장이 뛰며 바싹 긴장하게 된다. 설령 종민 씨가 의식하지 못해도 무의식만큼은 항상 개를 경계한다. 비논리적이고 무의식적인 생존 본능이다. 그래서 우람한 덩치의 남성이 주먹만 한 강아지를 피해 나무 위로 도망가더라도 이상한 일이 아니다. 더욱이 정신적 육체적으로 지치거나 피로한 날에는 무의식의 경계가 한층 강화된다.

최근 종민 씨는 회사에서 압박을 받으며 스트레스가 심했고 무언가에 쫓기는 기분이었다. 좋지 못한 실적으로 상사에게 혼나고 퇴근한 어느 날, 종민 씨는 길을 가다 바닥에 떨어진 털 뭉치를 보고 숨이 멈출 것 같은 두려움을 느꼈다고 한다. 자세히 보니 인형이었지만 손발의 떨림은 쉽게 진정되지 않았다. 온몸에 힘이 빠지고 심장이 뛰었다. 아무리 진정하려고 해도 당장이라도 여기서 도망치고 싶다는 이해할 수 없는 불안감이 차올랐다.

트라우마를 경험한 이상 인생은 더 이상 안전하지 않다. 언제 어디서 트라우마가 나를 휩쓸어 버릴지 모른다. 내가 취약해진 순간이 특히 그렇다. 그러니 트라우마가 있는 이상 함부로 편해질 수 없다. 생존이 휴식보다 우선이기 때문이다.

무력감이라는
수렁

종민 씨의 삶에 트라우마가 다시 활성화되었다. 지친 종민 씨는 캠핑을 하며 마음을 피로를 풀어 본다. 그런데 즐거운 시간을 보내고 잠자리에 든 종민 씨는 들개에게 습격당하는 꿈에 소스라치게 놀라며 깨어난다. 당장이라도 들개가 들이닥칠 것 같아 텐트 안에서 머무를 수 없다. 온몸이 땀으로 젖으며 마음이 진정되지 않는다. 즐거운 여행이 악몽이 되었고 캠핑 또한 회피 목록에 올라간다. 트라우마를 중심으로 한 인생의 목록은 이런 식으로 꾸준히 업데이트된다. 트라우마 속에서 일상의 안전함은 점점 사라진다. 몸과 마음이 지칠수록 트라우마에 대한 긴장과 경계는 더욱 과도해진다.

너무 힘들어진 종민 씨는 몸살에 걸려 회사도 쉬고 침대에 누워 있다. 온몸에 열이 나며 아프고 몸이 무겁다. 그런데 어느 순간 갑자기 천장의 얼룩무늬가 개의 형상처럼 보인다. 한번 그렇게 보이고 나니 더 이상 신경을 끌 수 없다. 그래서 침대 안에서조차 불안에 시달린다. 비합리적이지만 트라우마의 재경험은 이런 것이다. 그래서 트라우마가 중대할수록, 내가 취약할수록 이 세상은 트라우마로 가득해진다. 내가 약해지는 순간마다 트라우마가 활성화되어 삶을 삼켜 버린다.

종민 씨와 달리 개에 대한 트라우마가 없는 누군가는 개 앞에서 모든 행동이 자연스럽다. 다가서서 만지거나 깜짝 놀라며 피할 수도 있다. 혹은 아무런 관심을 보이지 않을 수도 있다. 다음 날 개를 보았냐고 물어봐도 잘 기억을 못 할 것이다. 하지만 개에 대한 트라우마가 있는 종민 씨는 다르다. 개에 대해 취할 수 있는 태도는 결국 두 가지로 귀결된다. '싸우느냐 도망치느냐.' 트라우마가 있더라도 겉으로는 다른 태도를 보일 수 있지만, 그래 봤자 모두 투쟁과 도피의 변주일 뿐이다. 만약에 개에 트라우마가 있는 사람이 개를 앞에 두고 침착해 보인다면 그렇게 보이기 위해 열심히 내적 투쟁 중이거나 넋이 나간 상태이다.

결국 트라우마의 대상 앞에서 모든 행동은 대상과 싸우느냐 도망치느냐의 문제로 귀결된다. 하지만 싸우거나 도망쳐서 해결될 수 있는 문제였다면, 애초에 트라우마가 되지도 않았을 것이다.

그래서 보다 정확히는 싸울 수도 도망칠 수도 없는 상태가 트라우마의 본질이다. 무력감이 트라우마의 본체인 셈이다.

무의식이라는 경비원

트라우마를 경험한 무의식은 트라우마의 재현을 항상 경계한다. 무의식은 24시간 나의 안전을 추구하는 경비원이다. 하지만 평상시에 종민 씨는 털 뭉치 인형을 보고도 아무렇지 않았고 멀리서 개가 보여도 공황에 시달리지 않았다. 마음이 안정되어 있을 때 무의식은 트라우마를 좀 더 느슨하게 경계한다. 충분히 대처할 수 있다고 생각하기에 특별히 위험하다고 판단하지 않는다. 하지만 종민 씨가 일에 쫓기며 스트레스가 심해진 순간에는 다르다. 무의식은 이러한 취약한 순간만큼은 트라우마를 반드시 피하려고 한다. 마치 평상시 느슨하던 군인이 전시에는 바짝 긴장하여 작은 부스럭거림에도 겁에 질려 총을 쏘려 하는 것과 같다. 생존이 달린 문제여서 그렇다.

종민 씨의 무의식은 충성스런 개가 그렇듯 위기에 처해 다른 무엇보다 '나'의 안전을 최우선 순위로 놓았다. 하지만 안타깝게도 나를 보호하기 위한 무의식의 선한 의지가 오히려 트라우마를 활성화한다. 평상시에는 아무렇지 않게 보던 털 뭉치가 이제는 나를 덮칠 듯한 개가 되어 도망치느냐 싸우느냐의 질문을 활성화한다. 이는 도망칠 수도 싸울 수도 없다는 무력감의 반복이다. 종민 씨는 고작 털 뭉치 하나에 공황감이라는 심한 무력감을 경험했다. 결국 트라우마로부터 안전해지고 싶은 간절한 마음 때문에 현재가 트라우마의 시공간이 된다.

그렇게 과거의 무력감은 다시 현재의 무력감으로 이어진다. 트라우마를 경험한 개인이 트라우마를 벗어나기 위해 애쓰고 그 결과가 다시 트라우마를 활성화하며 무력감을 반복하는 것이 트라우마의 본질이다. 그래서 노력이나 의지는 트라우마를 멈추는 데 도움이 되지 않는다. 노력과 의지야말로 수레바퀴를 돌리는 힘이기 때문이다. 그래서 심각한 트라우마일수록 트라우마는 한 사람의 삶을 침체시키는 깊은 무력감에 이르게 한다.

이렇듯 트라우마는 비극적이다. 무력감을 경험하고 그 무력감을 삶에서 배제하기 위한 노력이 다시 한 사람의 삶을 무력감 속에 삼켜지게 한다. 베트남 참전 군인들도 그랬을 것이다. 죽음이 가득한 전장에서 살아 돌아온 이 영웅들도 트라우마의 그물에서 벗어나지 못했다. 트라우마로 인해 일상이 고통스러워질 때 이들은 비합리적인 이 상황을 받아들일 수 없었다. 나약한 스스로를 질책하고 꾸짖으며 삶의 안정과 평화를 찾기 위하여 무던히 애를 썼을 것이다. 하지만 이해받고 위로받지 못할 때 사람은 약해지고, 자신에게조차 이해받지 못하는 자아는 더할 나위 없이 쪼그

라든다. 그리고 자아가 움츠러들수록 트라우마에 집착하는 무의식은 더욱 고집스러워진다. 이것이 삶을 구원해 줄 유일한 수단인 것처럼 집요하게 트라우마가 가까이 있는지 확인한다. 이렇게 삶의 여러 공간과 시간이 트라우마의 것이 된다.

가장
고통스러운 감정

　많은 참전 군인들이 제대 후 평화로운 일상 속에서 역설적으로 트라우마의 재현을 경험했다. 평화로운 공간에서 혼자 평화로울 수 없었다. 이런 불합리에 대해 다양한 방식으로 대처했겠지만 트라우마에서 벗어날 수 없었을 것이다. 트라우마는 점점 더 그들을 삼켜서 술을 잔뜩 마신 순간에야 잠시나마 벗어날 수 있었을 것이다. 뇌를 마취해야 벗어나는 그물이었고 그래서 이들이 더욱 술과 마약에 의지했는지도 모른다. 하지만 술이나 마약은 일시적이다. 오히려 술이나 마약은 사람을 매우 취약하게 만든다. 그래서 중독 물질에서 깨어났을 때, 무방비해진 그들에게 더욱 고통스러운 트라우마가 덮쳤다.

자아가 약해질수록 트라우마의 힘은 더욱 세진다. 정확히는 트라우마에서 벗어나려는 생존의 몸부림이 더욱 커진다. 그래서 중독이 심해질수록 이들은 더 깊은 트라우마에 시달렸고 이제 트라우마는 영혼 가장 깊숙한 곳에 자리 잡은 것처럼 느껴졌을 것이다. 어떤 이들은 죽음만이 평안해지는 길로 여겼을 테지만 어떤 이들은 죽음조차도 탈출구가 아닐지 모른다는 공포에 가까운 무력감에 시달렸을 것이다. 그렇게 마지막 탈출구라고 생각한 죽음을 통한 자유조차 트라우마의 공간 안에서는 소멸되기도 한다. 살수도 죽을 수도 없는 지독한 무력감이다.

많은 민간전승에서 귀신과 유령은 어떤 공간이나 사건을 벗어날 수 없는 상황에 대한 은유다. 귀신은 자신이 죽는 순간을 무한히 반복한다. 물귀신은 반복하여 물에 빠지며 자신의 죽음을 재현한다. 여러 문화에서 공통적으로 발견되는 이런 은유는, 아마도 인류가 무력감에 대해 공유하는 집단 무의식이 낳은 결과물로 생각된다.

인류는 무력감을 감정 중 가장 고통스러운 형태라고 생각한 것 같다. 그래서 많은 문화권에서 무력감은 지옥의 고통을 상징한다. 단테의 《신곡 지옥편》의 지옥문에는 이러한 글귀가 쓰여 있다. "이곳에 들어오는 자 모든 희망을 버려라." 희망 없음을 절실히 인식하며 그에 압도되는 감정, 죽을 정도로 고통스러우면서도 결코 벗어날 수 없다는 인식. 지옥은 인간이 가장 고통스러운 공간을

상징한다는 점을 고려할 때, 인류가 생각한 가장 고통스러운 감정
은 무력감이 아닐까.

현철 씨 이야기

앞서 현철 씨의 사례도 그랬다. 공황 발작과 함께 모든 것이 무
너졌고 결국 회사를 퇴직할 수밖에 없었다. 이후 현철 씨는 깊은
패배감에 빠져 집 밖으로 나오지 못했다. 아니 방 밖조차 나가지
못했다. 현철 씨는 재취업을 위해 지원서를 쓰려고만 해도 숨이
막혀 왔다. 취업이 절박했던 현철 씨에게 방 안은 감옥이었지만,
취업 못 하는 자신을 보는 사람들의 시선이 느껴져 방 밖으로 나
갈 엄두가 나지 않았다. 방 안에서 취업에 대한 생각을 잊을 때만
겨우 고요했지만 살얼음처럼 얄팍한 평화였다. 평화는 쉴 새 없이
깨졌고 그럴 때마다 괴로웠다.

그렇게 삼 년간 현철 씨는 방 밖으로 나가지 못했다. 자신을 저
주하면서도 좁은 방 밖으로 나갈 수 없었다. 무언가 용기를 내 새
로 시작하려고 할 때마다 가슴이 답답하고 조여 와 포기하게 되었
다. 하지만 취업 준비를 하지 않고 누워 있는 순간 또한 마찬가지
로 가슴이 답답하고 숨이 막혀 왔다. 이럴 수도 저럴 수도 없다는
무력한 현실을 직면할 때면 견딜 수 없었다.

현철 씨는 이런 자신이 한심하다고 했다. 회사를 버티지 못하는 자신을, 나약해서 걸핏하면 공황을 반복하는 자신을 이해할 수 없다고 했다. 이렇게나 괴로워하면서도 취업을 하지 못하고 히키코모리 생활을 한 자신을 도저히 용서할 수 없다고 했다. 눈에 보이는 정답을 외면하고 회피만 하는 자신이 너무 싫고 혐오스럽다고 했다.

현철 씨는 삼 년의 은둔 생활 끝에 다시 겨우 취업을 하게 되었다. 주위의 도움과 여러 가지 상황이 운 좋게 맞물리며 겨우 하게 된 사회 복귀였다. 현철 씨는 이번만큼은 절대 퇴사하지 않으리라 결심했다. 왜냐하면 이제 현철 씨는 퇴사 뒤에 어떤 상황이 기다리고 있는지 분명히 알게 되었기 때문이다. 하지만 이번에도 여지없이 공황이 시작되었다. 그래서 현철 씨는 다시 한번 회사를 그만둘 수도 없고 다닐 수도 없는 막다른 골목에 몰렸다. 공황이 오더라도 버텨야 했지만, 공황이 올 정도면 회사 생활은 당연히 할 수 없다. 그래서 현철 씨는 다시 죽도록 도망치고 싶지만 죽어도 도망칠 수 없는 그 익숙한 공간에 들어서게 되었다. 취업은 현철 씨에게 트라우마였고 현철씨는 다시 트라우마에 직면했다. 무력감에 숨 막혀 하며 지푸라기라도 잡는 심정으로 병원을 찾았다. 이것이 현철 씨가 병원에 내원하게 된 이유였다.

현철 씨의 이야기를 들으며 가슴이 아팠다. 현철 씨는 스스로가 이해되지 않는다고 했지만, 방 밖으로 나가지 않으려는 결연한 고집은 트라우마의 재현을 거부하는 강렬한 의지이기도 하다. 하지만 현철 씨에게는 동시에 매우 고통스러운 무기력이었을 것이다. 현철 씨는 도무지 자신을 이해할 수 없다고 했다. 엑셀과 브레이크를 동시에 밟은 차가 움직이지 않으면서 소모되듯이 현철 씨는 좁은 방 안에서 정말 고통스럽게 소모되며 지냈던 것이다.

나를 지키는 용기

나와의 관계가
파탄 나는 것

　사실 트라우마는 단순히 무력감에서 끝나지 않는다. 무력감은 다시 나와 나 자신의 관계 문제로 소급한다. 그래서 나의 최종적인 결론은, 트라우마의 결과가 관계의 파탄이라는 것이다. 이는 무력감의 결과가 관계의 파탄이라는 것과 같은 이야기다.

　트라우마에 시달리는 많은 개인은 과거에 트라우마를 피하지 못했던 것에 대해 후회가 극심하다. 트라우마로 인한 고통이 현재에도 큰 만큼 당연한 결과다. 그래서 트라우마에 이르게 된 과정을 반복하여 반추하면서 회피하지 못한 지난날의 어리석은 결정을 후회한다. 과거의 자신을 미워한다. 지금 트라우마에서 벗어나지 못하는 자신도 이해할 수 없다. 그저 무거운 짐을 내려놓고 새 출발을 하면 되는데 과각성, 재경험, 회피 같은 증상을 반복하며 스스로 망가져 가는 자신을 이해할 수 없다. 지난날에 대한 후회가 지독히 큰 만큼 미래의 내가 후회할 행동을 오늘도 반복하는 자신을 용서할 수 없다. 그래서 트라우마의 고통 속에서 무력한 자신에 대해 깊은 체념과 분노가 점점 차오른다.

미래는 더 볼 것도 없다. 깊은 무력감 속에 트라우마가 계속될 것이다. 왜냐하면 무력감은 미래에도 벗어날 수 없다는 현재의 확신이 포함된, 미래 지향적인 감정이기 때문이다. 실제로 미래에도 트라우마가 계속될지는 정해져 있지 않고 아무도 알 수 없다. 하지만 무력감에 빠진 개인은 무력한 미래에 확신을 가진다. 무력감이 본래 그런 감정이기 때문이다.

삼 년 간병에 효자 없다고 했던가. 무력한 자신에 대한 분노는 커져 가고 그 시간이 길어질수록 자신과 관계는 파탄에 이른다. 경우에 따라서는 자신에게 손상을 주는 행동, 자해마저 상쾌하게 느껴질 정도이다. 이렇게 내가 나 자신에게 분풀이하지 않고서는 이 분노감을 풀 수 없다. 그런 점에서 트라우마 안에서 파탄 나는 것은 비단 과거, 현재, 미래가 아니다. 트라우마는 나와 나 자신의 관계를 파탄 내는 것이다. 트라우마에 휘감긴 개인에게 가장 큰 피해자는 자신이지만 그래서 때로 가장 큰 가해자가 자신이 되기도 한다.

작은 트라우마와 큰 트라우마

이번에는 다른 이야기를 해 보자. 트라우마는 반드시 죽을 정도의 사건에 의해 생기는가 하면 그렇지 않다는 것이 현재 정신의학계의 결론이다. 과각성, 재경험, 회피 등의 증상이 트라우마 경험이 없던 경우에서도 발견되는 일이 많아졌다. 죽을 정도의 위기가 발견되지 않음에도 이 증상들이 개인의 생애에 지속적으로 영향을 주는 사례가 넘치도록 발견되었다.

멀리 찾아볼 것도 없다. 우리 사회 역시 그렇다. 은둔 생활을 하는 청년이 몇십만 명이라고 한다. 그중에는 현철 씨처럼 고통스러운 무력감을 반복하며 매일을 소진하는 수많은 청춘들이 있을 것이다. 현철 씨는 정통적인 정신의학의 관점에서 보면 외상후 스트레스 장애 환자라고 할 수는 없다. 그럼에도 현철 씨의 모든 증상은 심각한 외상후 스트레스 장애 환자를 가리킨다. 베트남 참전 군인처럼 현철 씨는 트라우마 속에서 과각성, 재경험, 회피로 고통받고 있다는 뜻이다.

그래서 이런 상황을 설명하기 위해 작은 트라우마(small trauma)라는 개념이 제시되었다. 죽을 정도의 큰 트라우마(big trauma)는 비록 없더라도 가랑비에 옷 젖듯이 작은 트라우마가 누적되면서 외상후 스트레스 장애가 생길 수 있다는 개념이다.

내 견해로는 트라우마의 본질이 무력감이라면 작은 트라우마가 큰 트라우마보다 더욱 위험하다. 큰 트라우마를 겪은 개인은 그래도 위로받고 이해받을 가능성이 있지만, 작은 트라우마에서는 결여되기 쉽다. 작은 트라우마를 겪은 개인은 트라우마 증상에 시달리면서 자기 자신에게 분노하며 자신과 자신의 관계의 파탄 속에서 지독하게 외롭기 쉽다. 트라우마에 더 취약해지고 더 쉽게 휩싸인다는 말이다.

트라우마를 정의하자면 고통에 대한 무력감, 고통의 반복적 재현으로 인한 삶의 무력감, 이런 상태를 극복하지 못하는 자신에 대한 깊은 불화와 부적절감이라고 생각한다. 세상은 그저 세상일 뿐이지만 트라우마의 눈으로 보면 세상은 트라우마의 세상이다. 결국 세상은 트라우마의 공간으로 바뀌고 이런 상황을 초래한 세상과 자신에 대한 깊은 분노, 우울감이 찾아온다. 결국 트라우마의 끝은 세상에 대한 무력감이 아니라 나에 대한 무력감이다.

나를 지키는 용기

무력감을
넘어선 삶

트라우마는 어떻게 극복해야 하는가. 질문이 잘못되었다. 트라우마는 극복될 수 없다. 사실 지금까지 트라우마를 극복할 수 없다는 내용을 반복해서 이야기했다. 말장난 같겠지만 애초 극복할 수 있다면 트라우마가 아니다. 무력감이 트라우마의 본질이기 때문이다. 따라서 트라우마를 극복한다는 말은 모순이다.

그렇다면 트라우마에 시달리는 개인은 어떻게 해야 하는가? 이제는 좀 더 적절한 질문이 된 것 같다. 물론 트라우마라는 무력감은 매우 힘든 감정 경험이다. 트라우마 속에서 온전한 자신이 될수도 온전한 삶을 살 수도 없다는 두려움으로 가득해진다. 이런 절실함에서 트라우마로부터 도망치거나 극복하려고 애쓰는 것도 당연하다. 나 역시 무력감의 절절한 고통에 공감한다. 그리고 도망치거나 극복하려고 애쓰면서 트라우마에서 벗어날 수 있다면 나 역시 열심히 응원할 것이다.

하지만 진실은 트라우마를 극복하려고 애쓰는 것이야말로 트라우마의 증상이다. 트라우마의 증상인 과각성, 재경험, 회피는 본질적으로 트라우마를 극복하고 회피하려는 노력이다. 그럼에도 트라우마는 무력감이기에 결코 극복하거나 회피할 수 없다. 무력감은 이미 그렇게 결론 내린 판단에 대한 소감이기 때문이다. '무력한 생각을 하지 않으면 되지 않을까?'라고 반문한다면 나 역시 그랬으면 좋겠다. 하지만 이미 어떤 이들은 판도라의 상자를 열어 버렸다. 이들은 이미 무력감을 경험했기 때문에 무력감을 무시할 수도, 존재하지 않는다고 생각하며 정신 승리할 수도 없다.

여기까지 오면, 누구나 무력감을 경험하지 않았으면 좋겠다. 설령 경험했더라도 안정된 삶 속에서 무력감에 대한 재발견, 즉 트라우마의 활성화가 없었으면 좋겠다. 하지만 살다 보면 불가피하게 실패와 좌절의 순간이 있기 마련이다. 때때로 자아가 위축되고 힘들어지는 순간이 있고 이때 여지없이 트라우마가 활성화된다. 가장 힘든 순간에 내면의 가장 두려운 것이 모습을 드러내고 가장 강해야 할 때 내면은 더없이 약해진다. 약해진 틈으로 트라우마가 조금씩 들어온다.

이렇게 순환은 시작된다. 트라우마가 재현될수록 극복은 더욱 절박해지고, 그럴수록 트라우마는 삶의 곳곳에서 재현되며 마음을 먹어 치운다. 가뜩이나 트라우마의 상처도 억울한 일인데 이로 인해 삶이 지속적으로 영향을 받는다는 것이야말로 정말 불공정하고 억울하다. 하지만 삶은 합리적이지도 공정하지도 않다. 그렇다면 이런 상황에서 개인은 어떻게 해야 할까?

트라우마는 문제가 아니다

사실 트라우마를 극복할 필요는 없다. 트라우마를 극복해서 마음이 안정되는 것이 아니라 반대다. 마음이 진정되면 트라우마가 저절로 안정된다. 트라우마를 치우는 작업은 눈 내리는 날 눈을 쓰는 것과 같다. 끝없이 내리는 눈을 보며 눈을 쓸다 보면 마음은 좌절감으로 가득해진다. 사실 굳이 눈을 치울 필요가 없다. 그저 봄이 오면 된다. 눈은 자연스럽게 녹아 없어진다. 다시 추워지면 어떻게 하냐고? 그럼 눈이 내리겠지만 그것이 삶의 과정이고 순환이다. 그림자를 떼려고 노력해도 그림자는 떨어지지 않는다. 그림자를 떼려고 노력할 필요는 없다. 왜냐하면 떼어지지 않기 때문이다. 그럼 어떻게 하냐고? 전등의 스위치를 켜면 된다.

트라우마의 활성화와 재현은 내 삶의 위기 신호다. 내가 위축되고 힘들고 어려움에 빠져 있음을 알려 주는 신호다. 이 신호는 무력감이 덮칠 때 위험해질까 염려하는 내 마음의 배려이고 고통을 다시 막으려는 내 마음의 의지다. 트라우마가 활성화된 시기에는 내가 불안정해져서 비상경계망이 발동되었다고 이해하고 이런 상황에 처한 나를 인정하고 안정시키면 된다.

비유하자면 트라우마는 나무의 옹이다. 나무줄기에 난 상처 같은 것이다. 하지만 옹이는 나무가 살아온 삶의 일부이기도 하다. 트라우마를 극복해야 잘 사는 것이 아니다. 나무의 옹이가 나무의 생명을 해하지 않는 것처럼 트라우마가 있어도 잘만 살면 된다. 굳이 트라우마를 극복할 필요가 없다. 다만 트라우마의 그늘에서 좀 더 자유로워지면 된다. 역설적으로 트라우마의 극복과 회피를 목표로 하는 것이야말로 트라우마의 증상이자 집착이다. 물론 트라우마가 주는 어려움의 크기나 고통을 생각할 때 극복이 절실한 것은 너무 당연하다. 하지만 나무에 옹이가 있어도 없어도 그저 나무다. 옹이가 없으면 좋겠으나 옹이가 있어도 있는 채로 잘 살 수 있다. 트라우마가 있어도 트라우마가 있는 채로 그냥 잘 살면 된다. 트라우마의 피해자인 나를 굳이 더 들들 볶을 필요가 있을까?

그러니까 사실 우리에게 중요한 것은 트라우마의 극복이 아니다. 더 핵심적인 과제는 트라우마에 시달린 나를 존중해 주는 것이다. 트라우마의 극복이 아니라 그것에 시달리며 압도된 외로운 나를 존중과 감사를 담아 따뜻하게 손잡아 주는 것이 과제이다.

어떤 면에서 트라우마가 있다는 것은 행운이기도 하다. 나무옹이가 나무가 어려움을 헤치며 꿋꿋하게 살아 왔음을 보여 주는 증표인 것처럼, 한 사람의 트라우마는 그가 운 좋은 생존자임을 보여주는 증표이다. 트라우마에 시달리는 사람은 자신이 세상에서 더없이 불행하고 불운하다고 생각한다. 그렇게 생각하는 것도 전혀 이상한 일이 아니다. 하지만 트라우마에 시달린다는 말은 죽을 것같은 위기에서, 도망칠 수도 싸울 수도 없는 절체절명의 틈바구니에서 살아남았다는 뜻이기도 하다.

　트라우마가 비록 현철 씨의 삶을 짓밟았지만 현철 씨는 버티고또 버텼다. 정말 열심히 최선을 다해 버텼다. 현철 씨는 스스로가이해가 안 간다고 했지만 나는 트라우마를 겪은 현철 씨가 트라우마에서 벗어나기 위해 했던 많은 노력, 그럼에도 벗어날 수 없었던 현철 씨의 무력감과 이런 자신에 대해 상처받는 현철 씨의 마음이 이해가 간다. 현철 씨 또한 자신에 대해 그러기를 더할 나위없이 바란다. 그것이 트라우마라는 사건을 겪은 자신에 대한 존중이기 때문이다.

4장

나는 왜
일어나지 못할까?

무기력감, 엑셀과 브레이크를 동시에 밟는다

지나친
각오

종현 씨는 가족들 보기도 민망해진 사 년 차 공무원 수험생이다. 매몰된 시간이 아까워 그만둘 수도 없다. 이번이 마지막이라는 각오로 종현 씨는 수험 생활 오 년 차를 맞이했다. 어느 날 대학 동기가 종현 씨에게 청첩장을 보냈다. 오랜만에 동창들이 모여 결혼 전 축하하는 자리가 마련되었다. 참석을 고민하던 종현 씨는 얼굴이나 잠깐 보자는 마음으로 참석했다. 오랜만에 만난 동창들은 사회에서 각자 자기만의 자리를 잡아 가고 있었다. 처음에는 오래 못 보던 종현 씨를 만나 다들 반가워했으나 이후 서로 직장 생활과 결혼에 대한 고민을 나누느라 바빴다. 종현 씨가 끼어들 공간은 없었다. 종현 씨는 겉도는 느낌에 불편해졌는데 어울리지 못하는 자신이 문제라고 생각했다.

종현 씨의 결심

모임을 마치고 돌아오는 길은 더없이 쓸쓸했다. 정신도 차릴 겸 오랜만에 한강 다리를 걸으며 종현 씨는 비로소 다짐했다. 불합격하면 여기서 뛰어내리겠다. 종현 씨는 다짐을 반복하며 카메라 셔터를 누르듯 이날 한강 다리의 풍경을 마음속 깊숙이 저장했다.

그래서였을까, 이후로 종현 씨의 공부는 돛을 단 듯 한층 순탄해졌다. 차츰 시험 때가 가까워오며 종현 씨는 합격한 자신의 모습을 떠올리며 더욱 열심히 공부에 매진했다. 그런데 시험을 한 달쯤 앞둔 어느 날, 여느 날처럼 독서실에 가야 하는 종현 씨가 갑자기 일어나지 못했다. 이유도 없이 도저히 공부할 마음이 들지 않았다. 겨우 독서실에 도착해서도 책을 펴 볼 엄두가 나지 않았다. 이날부터였다. 종현 씨의 하루는 공부를 하는 것도 하지 않는 것도 아니면서 고통스럽게 흘러갔다. 밤에 잠자리에 들면 마음은 비통해졌고 패배감으로 가득했다. 그럼에도 여전히 꿈쩍도 하지 않는 스스로를 종현 씨는 이해할 수 없었다. 도대체 무슨 일이 생긴 것일까?

종현 씨는 이번에 떨어지면 죽겠다는 필사의 각오로 시험에 임

했다. 그런데 종현 씨의 비장한 결의와 달리 그의 무의식은 죽음의 가능성이 생겼다는 점에 주목했다. 공부라는 것이 원래 리듬이 있는 법이다. 잘 되는 날도 있고 안 되는 날도 있기 마련이다. 수험 생활에 지쳐 공부가 되지 않던 어느 날, 종현 씨의 마음속 깊숙한 곳은 시험에 떨어지면 죽는다는 것을 문득 떠올렸다. 왜냐하면 그날 한강 다리에서의 다짐은 진심이었기 때문이다. 그래서 이제 수험서는 죽음의 기운이 감도는 불길한 물건이 되었다. 독서실은 죽음을 향한 수용소가, 공무원 시험장은 죽음이 판가름 나는 처형장이 되었다. 원래 인생에서 절대란 없다. 수험 생활을 열심히 한다고 반드시 합격한다는 보장은 없다. 어쩌면 시험장에서 배가 아파 시험을 망칠 수도 있는 노릇이다. 그래서 종현 씨의 마음속 깊숙한 곳은 종현 씨가 자칫하면 정말 죽을지도 모른다는 사실을 알아차렸다.

합격이 절실한 만큼 불합격하면 한강 다리에서 뛰어내리겠다는 종현 씨의 비장한 각오도 이해가 되지만, 어떻게든 죽는 것만큼은 피하고 싶어 하는 생존 의지도 이해가 간다. 하지만 그 결과 이렇게 답답한 풍경이 펼쳐졌다. 누가 옳고 그르냐가 아니라 그저 입장이 다르다. 설령 내 마음속 일이더라도 마찬가지다.

소를 치는 목동이 소에게 물을 먹이기 위해 강가로 데려가려고 한다. 하지만 소는 목동이 자신을 도살장에 끌고 간다고 오해한다. 살다 보면 때로는 이런 오해가 생기기도 한다. 그래서 소는 한 사코 목동의 인도에 저항한다. 살살 끌면 살살 저항하고 있는 힘을 다해 끌면 있는 힘을 다해 저항한다. 목숨이 달려 있는 일이어서 그렇다. 목동의 입장에서는 이해할 수 없다. 그저 소를 위해 물을 먹이려고 하는 것인데 황소고집이다. 하지만 소의 입장에서는 도살장에 끌려 갈 수 없다는 각오로 죽을힘을 다해 버텨야 한다. 이렇게 겉으로는 아무 일도 없지만 결코 양보할 수 없는 필사의 대치가 마음에서 일어나기도 한다. 바로 무기력이다.

나를 지키는 용기

무기력의
본질

    종현 씨 이야기를 좀 더 이어가 보자. 언젠가부터 종현 씨는 진이 빠지도록 노력해서 겨우 하루에 한두 시간 공부를 한다. 그것만으로도 숨이 턱턱 막히도록 힘들고 지친다. 고집 부리는 황소를 겨우 끄는 격이랄까? 하지만 종현 씨는 경주에서 뒤처지는데도 이러는 자신을 이해할 수 없다.

    상황을 이렇게 생각해 보자. 들판 위에 기다란 통나무가 쓰러져 있다. 아이들은 통나무 위에 올라가서 균형을 잡으며 재미있어 한다. 떨어져도 상관없으니 까르르 웃으며 통나무 위로 올라 뛰어다닌다. 그런데 까마득히 깊은 절벽 사이에 통나무가 놓여 있다면 이야기는 달라진다. 찰나의 실수로도 죽을 수 있기에 발이 바닥에 달라붙어 쉽게 떨어지지 않는다. 평지처럼 건너기만 하면 된다는 것을 머리로 알아도 마음은 진정되지 않는다. 왜냐하면 죽고 싶지 않기 때문이다.

종현 씨는 시험에 떨어지면 죽겠다고 다짐했다. 떨어지면 나락인 외나무다리에 올라간 셈이다. 남들과 달리 공부가 종현 씨에게는 이제 지나치게 고통스러운 일이 되었다. 남들이 평범한 통나무 위를 지날 때 종현 씨는 죽음의 골짜기에 있는 외나무다리를 건넌다. 종종걸음이 될 수밖에 없지만 종현 씨는 다급하다. 그럴수록 몸은 더욱 얼어붙는다.

동적인 무기력

종현 씨의 무기력은 동적인 무기력이다. 힘이 모두 소진된 상태가 정적인 무기력이라면, 종현 씨의 무기력은 성격이 다르다. 자동차로 치자면 정적인 무기력은 연료가 떨어진 차여서 연료를 채우고 다시 달리면 된다. 반면에 동적인 무기력은 엑셀과 브레이크를 동시에 밟고 있어 움직이지 못하는 것이 본질이다.

왜 굳이 엑셀과 브레이크를 동시에 밟고 있을까? 높은 절벽 사이의 외나무다리와 마찬가지다. 자동차를 운전해서 앞으로 나아가야 하지만 동시에 운전하면 죽을지도 모른다는 두려움도 크다.

이런 상황에서 엑셀을 강하게 밟을수록 브레이크 역시 저절로 강하게 잠긴다. 아무리 엑셀을 밟아도 움직이지 않는 차를 고장 났다고 여길 수도 있지만, 사실은 자기도 모르는 사이 브레이크를 밟고 있을 뿐이다. 소와 목동의 필사적인 힘겨루기처럼 겉으로는 아무 일도 없어 보이지만 그 안에는 거대한 갈등이 있다. 안전 문제가 해결되지 않는 한 소모적인 줄다리기는 끝나지 않는다.

그럼 정적인 무기력과 동적인 무기력을 어떻게 구별할까? 사실 정적인 무기력은 무기력이 아니라 소진이다. 지쳤으니 쉬어서 회복하면 되는 상태이다. 무기력을 결정하는 핵심적인 요인은 내적 갈등으로 인한 고통의 유무이다. 뒤에서 들개가 쫓아오는데 외나무다리를 건너야 하는 상황을 생각해 보자. 안전해지기 위해서는 외나무다리를 건너야 한다. 하지만 떨어질 수도 있으니 외나무다리를 건너면 안 된다. 생존을 위한 욕구가 서로 충돌하는 지점에서 사실상 선택할 수 있는 것이 없다.

무기력은 정적으로 보이는 겉모습과 달리 적극적으로 균형을 맞추려는 동적인 과정이다. 공 위에 서서 넘어지지 않기 위해 쉴 새 없이 균형을 맞추는 것과 비슷하다. 무기력은 생존이 걸린 갈등이 해결되기 전에는 균형에서 벗어나지 않으려는 의지다. 공 위에서 넘어지지 않는 것이 성공이듯 내적 갈등이 해결되기 전까지 균형을 유지하며 무기력에 머무는 것이 성공이 된다. 그래서 역설적이게도 무기력하다는 것은 무력한 상황에서 내 마음이 적절히 작동하고 있다는 뜻이다. 만일 주위가 가시로 둘러싸여 있다면, 누구나 최대한 몸을 웅크려서 닿지 않으려고 한다. 여기서 가시가 내적 갈등이라면 무기력은 가시가 주는 고통을 피하려는 내면의 의지다. 그러니까 무기력은 무력감에 상처받지 않으려는 의지가 실현된 상태이다.

그렇다면 무기력과 게으름의 관계는 어떨까? 무기력으로 고통받는 환자들이 공통적으로 이야기하는 지점이 있다. 자신의 무기력이 게으름이라고 하기에는 무기력한 것 같고, 무기력하다고 하기에는 게으르다는 것이다. 종현 씨도 그랬다. 스스로를 게으르다고 생각했는데 하루 종일 누워서 꼼짝도 못 하던 어느 날 깨닫는다. 게으른 것이 아니라 사실은 무기력한 것이었구나. 하지만 이 깨달음은 다음 날 손바닥 뒤집듯 돌변한다. 그저 자신은 게으른 것이었다. 이 과정은 반복된다. 게으르다는 깨달음은 다시 무기력하다는 자각으로, 또 다시 게으름으로 환원한다. 끝없는 널뛰기 끝에 마침내 무기력과 게으름을 구별할 수 없는 혼돈의 상태에 도달한다.

이런 경지에 다다르면 더 이상 자신이 무기력한지 게으른지에 관심조차 없다. 그저 자신은 실패했다는 자각만을 성실하게 곱씹는다.

한강 다리를 걸으며
종현 씨는 비로소 다짐했다.
불합격하면 여기서 뛰어내리겠다고.

미루고
자책하다 보면

무기력과 게으름은 언뜻 비슷해 보이지만 전혀 다르다. 소진과 무기력의 사례와 마찬가지로 단순히 겉으로 보이는 상태로 구별할 수는 없다. 무기력도 얼마든지 게을러 보일 수 있고 게으름도 무기력해 보일 수 있다. 자기 자신조차 구별 못 할 수도 있다. 그렇다면 이 두 가지를 구별하는 기준은 무엇일까? 이 두 가지를 구별하는 기준 역시 내적 갈등으로 인한 고통의 유무이다. 게으름은 고통스럽지 않고 무기력은 고통스럽다. 그런데 왜 이런 명백한 차이에도 무기력과 게으름을 구별하는 것이 어려운 것일까?

내적 갈등을 가장 고도로 은폐한 형태가 게으름이다. 게으름에는 고통이 없기 때문이다. 하지만 고통이 없는 진짜 게으름과 달리 무기력을 은폐한 가짜 게으름 안에는 고통을 외면하려는 필사적인 노력이 들어 있다. 물론 겉으로는 고통이 없기에 내적 갈등을 확인하기 전에는 진짜 게으름과 가짜 게으름을 구별하기 힘들다. 여기서는 마음이 무기력감의 고통을 줄이기 위해 하는 일들을 먼저 살펴보자.

마음이 벌이는 기만

공부가 안 되는 종현 씨가 하루 종일 침대에 누워 있다. 겉보기와 달리 종현 씨는 '눕고 싶다'와 '일어나야 한다' 사이에서 고통받는 중이다. 그렇다면 그냥 눕거나, 벌떡 일어나면 된다. 하지만 이 당연한 말은 무기력에서는 성립하지 않는다. 왜냐하면 팽팽한 내적 갈등의 상태가 무력감이고, 거기에 대응하여 무기력이 나타났기 때문이다. 이렇게 갑갑한 상황에서 종현 씨는 어떻게 대처하고 있을까?

무기력으로 고통받던 종현 씨는 한 가지 묘수를 고안해 낸다. '미루기'다. 일단 한 시간 쉬었다가 공부를 시작하면 된다. 마법처럼 공부하기 싫은 마음이 만족되면서 동시에 공부해야 한다는 마음도 포기되지 않는다. 왜냐하면 한 시간 뒤에 공부하면 되기 때문이다. 지금 하지 않으려는 마음도 만족되고 해야 한다는 압박도 줄이는 신의 한 수 같지만, 세상에 공짜는 없다. 한 시간 뒤에 공부하겠다는 다짐은 사태의 본질인 무기력을 회피하는 것일 뿐이다. 한 시간 뒤에 무기력한 지금의 상태가 기적처럼 개선될 리 없다. 그래서 한 시간 뒤에는 '다시 한 시간 뒤에 공부하겠다.'로 이어진다. 여기에는 다양한 변주가 있다. '점심부터', '한숨 자고 나서', '내일부터' 등등. 이렇게 종현 씨의 무기력이 다른 형태로 위장된다.

누구나 사기를 당하면 분하고 억울해서 가슴이 답답해진다. 하물며 연달아 같은 사기를 당하면 처참할 정도로 기분이 나빠진다. 한 시간 뒤에 공부를 하겠다는 것은 기만인데, 이런 기만에 연이어 당하니 자신감이 바닥까지 떨어진다. 그래서 무기력에서 내적 갈등을 은폐해 봤자 결국 언 발에 오줌 누기가 된다. 파티가 끝이 나고 무기력은 드러날 것이며, 그 결과 더 이상 자신을 신뢰할 수 없다는 답답한 생각에 잠기는 것은 피할 수 없다.

종현 씨는 때때로 하루 종일 누워 아무것도 못하는 날이 있다. 그럴 때 종현 씨는 공부를 왜 시작하지 못할까 번민하며 괴로워한다. 자신이 일어날 수 있다는 것을 알기에 더욱 괴롭다. 이것은 '자책하기'인데, 이 또한 기만이다. 왜냐하면 자책은 종현 씨가 일어나는 데 아무런 작용을 하지 못하기 때문이다. 오히려 이렇게 자책함으로써 종현 씨는 누워 있는 자신을 변명할 수 있다. '나도 누워 있는 게 너무 싫어.'라고 괴로워하면서 종현 씨는 누워 있는 자신을 합리화한다. 누운 채 괴로워하는 종현 씨는 내일도, 모레도 일어나지 못할 것이다. 오히려 괴로워하는 덕분에 일어나지 못할 것이다. 이런 상태 역시 종현 씨의 무기력이 위장된 것이다.

하지만 위장에는 끝이 있고 거기에서 무기력이라는 내용이 드러난다. 그럴 때마다 종현 씨는 무기력을 다시 위장한다. 위장이 벗겨질 때마다 무기력이 드러날 것이며, 그렇게 기만이 쓸려나간 자리에는 무기력감으로 고통받는 종현 씨가 드러난다. 너무 사기를 당하다 보면 더 이상 사기가 통하지 않는 순간이 오는 법이다. 내일부터는 다시 공부를 하겠다고 다짐해도 종현 씨의 마음은 냉소로 가득해진다. 더 이상 무기력을 덮을 수 없다. 따라서 종현 씨는 고통을 줄일 다른 비장의 수단을 고안할 수밖에 없다. 가짜 게으름이다.

마지막 수단,
게으름

다시 정리해 보자. 무기력은 무력감에 대한 생물학적 반응이자 신체적인 표현이다. 이러지도 저러지도 못하는 무력감에 끼여 있을 때, 몸은 아무것도 하지 않으려고 한다. 특히 죽음과 죽음 사이에 놓인다면 우리 몸은 적극적으로 양쪽 사이에 단단히 웅크려 움직이려 하지 않는다. 무기력이다. 공벌레가 위험에 처했을 때 몸을 잔뜩 웅크려 공 모양이 되는 것처럼, 심하게 폭행당하는 상황에서 도망칠 수 없다면 사람도 머리와 배를 보호하며 웅크린다. 이래서는 도망칠 수도 싸울 수도 없지만 다른 도리가 없다. 무기력이면서 나의 살고 싶은 의지다.

하지만 무기력에 대해 느끼는 소감인 무기력감 역시 고통스러운 것은 마찬가지다. 그래서 무기력도 다시 위장되고 은폐된다. 앞에서 언급한 미루기, 자책하기도 대표적으로 무기력을 위장하는 방법이다. 이렇게 포장하여 무기력을 가리면 그 소감인 무기력감을 피할 수 있다.

이런 위장은 의외로 일상에서 흔하다. 조깅을 하며 살을 빼기로 결심한 사람이 언제부터 시작할지, 어디서 운동할지, 무슨 신발을 신고 어떤 옷을 입을지 계획하며 고민하고 있다. 겉보기에는 문제가 없어 보이지만, 이것 역시 위장이다. 정말 운동하려면 실내화라도 신고 나가서 일단 하면서 계획하면 된다. 오히려 이럴 때 계획이 더 잘 세워진다. 그래서 '계획하기'도 무기력을 은폐하는 교묘한 수단이 되기도 한다. 완벽주의도 비슷하게 자기 자신을 속이는 기만 중 하나다. 완벽한 계획을 세우기 위해 고민하면서 하지 않고 있다는 무기력의 진실은 가리어진다. 본질적인 내적 갈등을 다루기 전까지 이런 무의미한 상황이 반복된다.

더군다나 이 위장에는 끝이 있어서 어느 순간 더 이상 기만이 통하지 않는다. 그래서 '내일부터는 새로 시작해 보자.'라는 종현 씨의 마음이 냉소로 가득 차고, 아무리 자책해 봤자 무의미하다는 것을 깨닫는다. 그 어떤 위장도 더 이상 무기력을 가리지 못할 때 무기력감이 꼼짝없이 덮쳐온다. 무기력한 시간이 길어지면서 결국 아무것도 할 수 없다는 무력감의 진실이 드러난다. 그래서 고통을 줄이기 위한 마지막 수단으로 마취가 시작된다.

기만의 끝, 마취

마취는 정신을 빼놓아 고통을 줄이는 것을 말한다. 마취제가 없더라도 무언가에 정신을 빠트리면 된다. 생각이 감정을 낳는다. 무력한 생각은 무력감으로 이어지고 무기력감으로 구체화된다. 따라서 모든 것의 시작인 생각을 중지하는 것은 좋은 방법이다.

세상에는 수많은 마취 도구들이 있다. 인간에게 가장 대표적인 마취제는 술이다. 술은 정신을 마취시켜 고통에서 벗어날 수 있도록 도와주는 물질이다. 현대 사회에서는 마취의 수단이 더욱 풍부해졌다. 언제든 접근할 수 있는 휴대폰 게임, 짧은 동영상, 웹툰, 소설, 인터넷 커뮤니티 활동 등 굳이 정신을 마취시키는 데 술이 필요하지 않다. 컴퓨터나 휴대폰만 있으면 방에서 나가지 않더라도 관계의 욕구를 만족시키고 도파민을 채울 수 있다. 하지만 마취로 고통을 줄인다는 것은 결국 마취에서 깨야 하는 순간이 온다는 것이다. 아무것도 해결되지 않은 채 마취에서 깨는 순간 더욱 무기력감에 고통스럽다. 따라서 다시 마취를 시작한다. 트라우마 환자들처럼.

종현 씨는 공무원 시험을 보지 못했다. 공황이 몰려와 시험장에 들어가지도 못했다. 가족들에게는 아쉽게 떨어져서 한 번만 더 해 보겠다고 했다. 하지만 종현 씨는 이제 더 이상 공부를 하지 않는다. 하루 종일 방 안에서 부모님이 보내 주신 돈으로 배달 음식을 먹으며 게임만 한다. 치우지 않은 방은 쓰레기장을 방불케 한다. 악취가 진동하고 벌레가 돌아다녀도 치울 엄두가 나지 않는다. 겨우 누울 잠자리만 치워 놓는다. 하지만 외면하면 큰 문제는 아니다. 종현 씨는 복잡한 현실에서 눈을 돌려 게임을 하고, 지치면 동영상을 보고, 이것도 재미없어지면 인터넷 커뮤니티 활동을 한다. 하루 종일 자거나 술을 마시기도 한다.

그래도 때때로 자신이 패배했다는 사실이 종현 씨의 가슴을 고통스럽게 하는 날이 있다. 밤에 자려고 누울 때 더욱 그렇다. 그럴 때마다 종현 씨는 열심히 마취를 한다. 미래에 대해 생각하지 않는다. 미래에 대한 생각은 결국은 무력감으로 이어지기 때문이다. 종현 씨는 '이렇게 살다가 안 되면 깔끔하게 죽으면 되지.'라고 다짐하며 정신을 마취한다. 더 이상 마취를 이어 나갈 수 없는 상황이 언젠가 오기는 할 것이다. 그러면 그때는 죽어 버리면 그만이다. '생각하지 말자.' 종현 씨는 다짐한다. 하지만 종현 씨의 마음 깊숙한 곳은 종현 씨의 생명을 포기하지 않는다. 그래서 종현 씨는 어두운 방 안에서 홀로 외나무다리 위에 서 있다. 아무런 위로도 격려도 없는 깜깜한 밤 같은 어두운 방에서, 앞으로 갈 수도 뒤로 갈 수도 없는 종현 씨는 그저 눈을 감고 다시 마취를 시작한다.

종현 씨 같은 사례는 보통 자의로 병원에 오지 않는다. 마취가 이어지는 동안에는 별로 고통스럽지 않기 때문이다. 마취가 풀리면 다시 마취를 하면 된다. 방 밖으로 나가지 않는 한 별 문제는 없다. 설령 방 밖으로 나가야 하는 순간이 오더라도 '깔끔하게 죽으면 그만이다.'라고 종현 씨는 생각한다. 그렇기에 당장 고통을 느끼지 못하는 종현 씨는 자신이 문제가 없다고 생각하고 굳이 정신과까지 오고 싶어 하지 않는다. 애타는 사람들은 가족이다. 착한 모범생이던 자녀가 어쩌다 이런 상황에 처했는지 당황스러워 몸 둘 바를 모른다. 용돈을 끊겠다며 설득한 끝에 종현 씨는 마지못해 내원했다.

종현 씨의 바람은 치료보다 부모님의 잔소리를 덜 들으면서 지금의 생활을 유지하는 것이다. 하지만 시큰둥한 겉모습과 달리 마음속 깊숙한 곳에는 나아지고 싶은 종현 씨의 갈망이 있다. 사실 종현 씨의 본심은 결코 죽고 싶지 않다는 것이다. 이것이야말로 종현 씨의 기만이다. 그 허위가 밝혀지는 날이 언제 올지 몰라 종현 씨는 너무 두렵고 그래서 스스로를 마취한다. 종현 씨는 항상 마취가 풀리기를 원하지만, 동시에 마취에서 깨는 것만은 어떻게든 피하고 싶다. 종현 씨의 내밀한 무력감이다. 그래서 종현 씨와의 치료는 긴 여정이 될 것이다.

무기력한 삶에서
해방

무기력은 종현 씨가 겪고 있는 상태의 본질이 아니다. 무기력도 무력감이라는 본질을 가리는 위장이다. 앞에서 말한 것처럼 무력감은 가장 고통스러운 감정이다. 선택이 가능하지 않은 문제를 선택 가능한 것처럼 위장하는 것은, 무력감이라는 본질에서 회피하는 일이다. 따라서 무기력은 무력감에 대한 대응이면서 동시에 무력감에 대한 은폐이기도 하다.

이로 인해 본질적인 내적 갈등이 해결되기 전까지는 아무것도 할 수 없다는 무력감의 진실은, 무기력 안에서 선택을 내리기 어렵다는 고민으로 은폐된다. 이 선택의 고민조차 기만과 게으름의 먼지로 뒤덮여 색이 바랜다. 그래서 종현 씨는 내일도 모레도 일어나지 못한 채로 누워서 때로는 무기력해하다가 게을러하다가 같은 고민을 계속할 것이다. 왜냐하면 무력감보다 무기력감이, 무기력감보다 게으름이 덜 아프기 때문이다.

도망치고 싶지만 도망칠 수 없는 나

따라서 이 문제를 풀기 위해서는 거꾸로 거슬러 올라가야 한다. 게으름은 무기력을 은폐하는 위장이다. 게으름의 한가운데에서 먼저 무기력을 은폐하는 이 기만을 걷어야 한다. 그러기 위해서는 이 기만이 처음에는 달콤하지만 결국은 끝이 있고 괴로움이 드러날 수밖에 없다는 사실을 받아들여야 한다. 그래야만 무기력을 덮고 있는 기만을 직시하는 고통을 감당할 수 있다.

이 고통스러움을 직시해서 기만을 걷은 자리에 비로소 온전한 무기력이 드러난다. 하지만 이때의 무기력은 때때로 위장이 벗겨지며 나를 고통스럽게 하는 무기력과는 다르다. 스스로 위장을 걷고 똑바로 마주 본 무기력이어서 그렇다. 여기서 무기력 역시 문제의 본질이 아니다. 무기력은 무력감에 대한 표현이면서 동시에 기만이다. 아무것도 선택할 수 없다는 무력감이 선택지를 신중히 골라야 한다는 무기력감으로 위장되었다. 따라서 무기력도 직시해야 한다. 그러면 그 자리에 첨예한 내적 갈등과 이로 인해 고통받는 '나'가 드러난다. 그 고통에서 도망치고 싶지만 도망칠 수 없는 '나'가 비로소 드러난다. 바로 무력감이다. 이 부분부터 해결되어야 흐름이 자연스럽게 연결된다. 무력감이 사라지면 굳이 무기력으로 은폐될 필요가 없다. 아울러 무기력이 사라지니까 무기력을 기만할 이유도 없다.

나를 안전하게 할 것

그렇다면 종현 씨의 사례는 어떻게 해야 할까? 종현 씨 역시 근본적인 무력감이 해결되어야 한다. 종현 씨 안에서 무력감을 불러일으키는 내적 갈등이 우선 종결되어야 한다. 합격에 대한 열망은 당연히 이해가 가지만, 시험에 떨어지면 한강 다리에서 뛰어내리겠다는 비장한 각오만큼은 진심으로 내려놓아야 한다. 오히려 이번에 떨어지면 공무원 시험을 포기하고 홀가분하게 다른 일을 하며 행복하게 살겠다고 단단히 마음먹어야 한다. 그러면 시험에 합격하지 못해도 다른 일을 하면서 홀가분하게 살 수 있어서 좋을 것이다. 최선을 다하되 안 되더라도 인생은 망하지 않는다는 것을 받아들여야 한다. 시험에 떨어져도 기꺼이 즐겁게 살겠다고 단단히 결심하는 것이 중요하다.

이렇게 내적 갈등을 해결하여 다른 무엇보다 자신을 안전하게 만드는 것이 중요하다. 종현 씨는 게으름을 극복하고 시험에 합격하는 것만이 정답이라고 생각하겠지만 나는 그렇게 생각하지 않는다. 시험에 떨어져도 정말 괜찮은 순간 이 이상한 브레이크는 알아서 풀린다. 견고한 게으름은 저절로 녹아 없어진다. 그러니까 번지점프 대에서 뛰어내리기 위해 필요한 것은 담력이 아니라 안전줄이다. 비행기에서 낙하하기 위해 필요한 것은 정신력이 아니라 낙하산이다. 안전한 자리에서 비로소 무력감이 사라진다. 무기력도, 가짜 게으름도 사라진다. 왜냐하면 이 모두가 무력감의 고통에서 종현 씨를 보호하기 위한 수단이었기 때문이다.

시험에 떨어져도 정말 괜찮은 순간
이 이상한 브레이크는 알아서 풀린다.
견고한 게으름은 저절로 녹아 없어진다.

5장

내려놓고
받아들이면
달라질까?

공허감, 노력의 끝에 이르렀을 때

내가 나를
바라보는 마음

정신건강의학과에 내원하면 여러 가지 검사를 한다. 자가보고 검사는 스스로 자신의 마음 상태를 체크하는 불과 몇 분이면 끝나는 간단한 검사이지만, 의외로 내원자에 대해 많은 정보를 알려준다.

예를 들어 스스로 느끼는 우울감과 자가보고 검사 결과 사이에 차이가 크게 나는 경우가 있다. 기분은 그다지 우울하지 않다고 하는데, 검사 결과로는 심각한 수준의 우울감이 확인되는 상황이다. 왜 이런 차이가 생길까? 오랜 기간 우울했던 경우 자신의 우울감에 대해 무뎌지는 경향이 있는 것 같다. 그래서 이런 경우는 내원자의 우울감이 오래되었다는 것을 짐작케 해준다.

그뿐만이 아니다. 이렇게 자신이 자각하는 우울감과 실제로 경험하는 우울감 사이에 차이가 클 경우 우울감과 다른 종류의 어려움이 생기기도 한다. 우울증은 전체적인 활력이 떨어지는 병이다. 그런데 자신이 얼마나 우울한지 자각하지 못하면, 자신의 상태를 오해하게 된다. '이상하게 피곤하고 집중이 되지 않아 실수가 많다. 무엇을 해도 재미도 흥미도 느껴지지 않는다. 무기력해서 아무것도 못한다.' 모두 전형적인 우울증 증상인데 증상이 아니라 자기 자신이 문제라고 생각한다. 예전에 그렇지 않았던 자신이 왜 이렇게 되었을까 번민하고 불안해지면서 자신감이 떨어지고 마음은 더욱 위축된다. 우울한데도 자신이 우울한 줄 모르는 사람은 이렇게 자기에게 실망한다.

반추가 높은 사람들

자가보고 검사 중에 반추에 대한 검사도 있다. 이 검사는 우울감에 빠진 자신을 어떻게 바라보고 있는지를 반영하는 검사이다. 우울할 때는 슬프고 가라앉으니까 누워서 쉬면 좀 낫다. 우울감은 지금의 삶의 경로를 재검토하라는 마음의 신호여서 이렇게 활동을 중단하는 것도 도움이 된다.

그런데 어떤 사람은 도무지 쉴 수가 없다. 누워 있으면 마음이 따가울 정도로 마음의 소리가 커져서 안절부절 못 하고 상처에 소금을 뿌린듯 고통스럽다. 그러니까 어떤 사람은 우울할 때 우울한 자신에 대해 끊임없는 생각에 빠진다. 왜 내가 이렇게 우울해졌는지, 무엇이 문제였는지, 무엇을 잘못한 것인지 끊임없이 분석한다. 우울한 것도 힘든데 추궁당하고 심문받으면서 더더욱 궁지에 몰린다.

이런 상황을 반추가 높다고 한다. 자가보고 검사에서 반추가 유독 높게 나오는 사람들이 있다. 이런 경우는 우울감에도 시달리지만 그보다 우울한 자기 자신을 보는 시선에도 시달린다. 도무지 피할 곳이 없는 시선이다. 그래서 이런 사람들은 우울한 순간 우울할 뿐만 아니라 고통스럽다. 우울해지는 순간 비행기에서 추락하는 듯한 극단적인 감정의 폭격에 시달린다.

그러니까 반추가 높다는 것은 그렇지 않은 경우에 비해 우울한 순간 몇 배로 더 힘들고 반대로 우울하지 않을 때는 이상할 정도로 평화로워진다는 뜻이다. 다른 말로 하자면 반추가 높으면 감정기복이 정말 커진다.

이런 상황을 생각해 보자. 어떤 여성이 성폭행을 당하고 너무 괴로워 방 안에 칩거한다. 시간이 흐를수록 이를 보는 엄마의 마음은 타들어 간다. 한참 젊은 나이에 방 안에서 소진되는 청춘이 너무 안타깝고 억울하고 화난다.

그래서 이런 상황을 무던히 참아 오던 엄마가 어느 날 방문을 두드리며 소리를 지른다. "이제 그만 좀 해. 지긋지긋해. 언제까지 이럴 거야. 그러게 밤늦게 다니지 말라고 했는데 왜 말을 안 들어서 이렇게 된 거야!" 안타깝고 억울한 마음에 이렇게 소리 지르는 엄마의 마음도 이해가 안 되는 것은 아니다. 하지만 고통 속에 침잠해 있는 딸에게 엄마의 말이 어떻게 들릴까? 엄마의 말이 딸에게 도움이 될 수 있을까, 아니면 더욱 고통스러운 나락으로 떨어뜨릴까?

내 마음속에서 벌어지는 우울한 나를 향한 이차 가해는 지금 이 순간도 아무렇지 않게 일어난다. 그래서 어떤 사람은 우울감도 힘들지만 우울한 자신에 대해서도 고통받는다. 경험상 우울감에 대한 반추의 고통이 큰 경우, 자신의 우울감이나 스트레스를 과소평가하는 경향이 높았다. 자신은 우울한 것이 아니라 부족한 것이고 스트레스가 심한 것이 아니라 나약하다고 생각한다. 이들은 반추에 너무 몰입한 나머지 우울하고 스트레스 받는 자신을 있는 그대로 보는 데 소홀하다.

우울에 대한 이런 격렬한 반추는 다시 이상한 순환을 만들어낸다. 우울하고 스트레스 받는 자신에게 무감각할수록 더더욱 자신감이 떨어지고 위축된다. 그저 이러고 있는 자신을 이해할 수 없고 답답해할수록 나를 향한 반추는 더욱 거세어진다.

그 결과 반추에 매달리며 몰입하는 악순환이 이어진다. 불과 십 분 정도면 지금까지 말한 모든 검사를 실행하고 결과를 볼 수 있다. 때로는 겨우 이 정도의 간단한 검사로도 마음의 풍경이 적나라하게 드러나기도 한다.*

---

* 이 글에 소개된 자가보고 검사는 각각 우울 검사(BDI), 반추 검사(RSS)이다. 각각의 검사는 유효성, 타당성, 신뢰성이 확립된 통계적으로 유효한 검사이지만, 이 검사 결과들을 연결 지어 해석하는 방식은 나의 주관적인 견해이다.

공허감이라는
종점

정신과는 처음인데 잠을 못 자서 왔다고 쭈뼛거리며 내원한 이십 대 여성이 있었다. 이야기를 시작하며 사실은 초등학교 때부터 지금까지 죽고 싶다는 생각에 시달리며 최근에 이 생각에서 벗어날 수 없다는 것을 깨달았다고 했다. 우울증은 아닌 것 같은데 우울한 지는 오래되었다고 했다. 이 분이 물었다. "저는 지금까지 최선을 다해서 열심히 살았는데 왜 계속 우울할까요? 자기계발도, 운동도 열심히 하는데 왜 소용없을까요?" 그녀의 무력감이 전해졌다. 하지만 운동을 해도, 열심히 살아도 우울할 수 있다. 우울하기 위해 누군가의 허락이나 납득이 필요한 것은 아니다. 오히려 자기계발을 해도, 운동을 해도 떨쳐지지 않는 지독한 우울감이 있기도

나를 지키는 용기

하다. 그리고 이렇게 열심히 노력해 왔으면서 결과가 좋지 못하다는 이유로 더욱 자기에게 상처를 주게 되는, 세상에는 그런 우울감도 있다.

그녀는 우울해할 여유도 없이 숨막혀 보였다. 납득하기 힘든 우울이 끝내 목까지 차오르자 '정신과는 가 봤자겠지.'라는 평소의 신념까지 버리고 내원한 응급 상황이었다. 일단 급한 불을 꺼야 한다. 이 숨 막힘 속에서 일단 우울해할 여유라도 주어야 하지 않을까? "자기가 우울하면 그냥 우울한 거지, 굳이 우울해야 하는 이유나 논리가 있어야 우울할 수 있어요?"라고 묻자 그녀가 갑자기 폭포수처럼 눈물을 터뜨린다. 우울하면서도 우울할 수조차 없었던 그녀는 정말 속이 꽉 막혀 있었구나 싶었다.

우울증을 치료하면서 보게 되는 이상한 광경은 많다. 무기력과 우울감에 시달리던 누군가는 독감에 걸려 고열과 근육통으로 꼼짝도 못 한다. 하지만 이상하게도 몸이 아픈 순간 우울감, 무기력감이 갑자기 호전되는 이변이 생긴다. 그동안 내가 왜 일어나지 못하는지 의심하며 괴로워하던 사람이 고열과 통증 속에서 지금은 일어날 수 없다는 것을 받아들이며 마음의 갈등을 잠시나마 내려놓는다. 몸이 아픈 이 순간에 오히려 근심에서 해방되어 마음이 좀 더 가벼워지기도 한다.

의미 없는 고통이 다시 찾아올 때

반대의 상황도 있다. 요즘 정신과 약물의 효과는 상당히 좋다. 치료를 시작하면서 그동안 아무리 애써도 소용없던 우울감, 무기력감, 불안감이 어느 순간 누그러지기 시작한다. 수면도 나아지고 뚝 떨어진 입맛이 호전되기 시작한다. 진정되지 않던 불안감과 초조감이 구름이 걷히듯 좋아지기도 한다. 이 과정을 통해 누군가는 성공적으로 약물 치료를 종결하지만 그렇지 않은 경우도 의외로 많다. 누군가는 호전되던 우울 증상이 어느 순간 다시 제자리로 돌아와 있다. 컵에 아무리 새로 물을 채워도 끊임없이 흙탕물로 변하는 것처럼 보인다. 그래서 누군가는 약물 치료의 과정에서 다시 자신에게 실망하고 상처받는다. 스스로에 대해 답이 없다고 생각하며 무력감을 느낀다.

익숙한 결론의 반복이다. 어떤 사람은 우울감이 나아지면, 잠을 잘 자면, 무기력이 좋아지면 우울에서 회복되리라는 기대가 실제로 그렇지 않다는 사실을 알게 된다. 우울감이 걷히며 회복할수록 이상한 압박감에 시달린다. 지친 권투 선수가 다시 종이 울리면 링 위에 올라가야 하는 것처럼, 우울에서 회복하면서 다시 알 수 없는 어떤 스위치가 켜진다. 감기에 걸린 노예가 아픈 동안에는 마음 편히 쉴 수 있지만 몸이 회복되면 다시 힘겨운 노동의 굴레에 들어가야 하는 것처럼, 어떤 사람은 우울증에서 회복되는 것을 해결되지 않은 딜레마 속에 들어가는 것처럼 느낀다. 누구든 고통을 싫어하지만 의미 없는 고통을 정말로 싫어한다. 그래서 어떤 사람은 우울증에서 회복되는 것을 간절히 원하면서 또한 회복을 피하고 싶어 한다. 우울증에서 회복되면서 현실과 맞닿은 지점이 다시 나에게 실망하며 고통스러워지는 지점이어서 그렇다.

그래서 누군가는 우울할 때도 힘들지만 우울하지 않을 때 방향을 잃은 텅 빈 감정으로 고통스러워한다. 공허감이다. 치료를 하다 보면 우울증에서 회복되고 싶은 마음도 있지만 우울증에서 회복되는 것을 피하고 싶은 마음도 동시에 있다는 것을 보게 될 때가 있다. 무의식적이어서 본인이나 치료자가 알아차리기 힘들다. 우울과 우울하지 않음 사이에 있으려는 미묘한 무기력이다. 어떤 사람은 우울에서 좋아질수록 더 이상 우울감으로 핑계 댈 수 없는 자신을 직면할 때 자신을 향한 걷잡을 수 없는 분노를 느끼는 것 같다. 그리고 나서 정말로 길을 잃는다. 우울할 수도 우울하지 않을 수도 없다. 이들은 오히려 우울하지 않을 때 삶에 무력한 자신과 직면하면서 자신에 대한 사랑의 부재를 느끼고 공허해진다.

끝없는 우울의 사막

사실 앞의 글에서 성폭행당한 딸과 엄마의 대화는 실제 어떤 환자의 내면에서 일어나는 대화였다. 그녀는 홀로 방 안에서 우울할 뿐만 아니라 자신을 향한 거대한 분노에도 시달린다. 엄마가 하는 말이 바로 그녀가 혼자 방 안에서 지긋지긋하게 반복하는 생각들이다. 성폭행으로 고통스러운 자신에게 왜 이러고 있느냐고, 그날은 왜 나갔냐고, 그러게 왜 조심하지 않아서 인생을 망쳤냐는 비통한 울부짖음이 그녀의 마음속에 가득하다. 그런 순간에 그녀는 꼼짝없이 얼어붙고 위축되어 움직일 수 없다. 홀로 방 안에서 외로운 그녀를 향해 분노와 비난이 쏟아진다. 어느 순간 이 마음의 소리는 잦아들지만, 분노와 비난이 사그라진 자리는 텅 비어서 채워지지 않는다.

이렇듯 어떤 사람은 우울할 때뿐만 아니라 우울하지 않은 순간도 압박감과 공허감으로 괴롭다. 이러니 삶은 끝없는 괴로움이라고 생각해도 이상하지 않다. 사실은 이들이 우울하지 않다고 하는 그 지점 역시 우울감의 한가운데였을 뿐이다. 우울증이 좋아진 것이 아니라 공허감으로 가득한 우울증의 또 다른 장면이었을 뿐이다. 모래폭풍이 걷힌 자리에 끝없는 사막이 펼쳐져 있다.

나를 지키는 용기

"이제 그만 좀 해. 지긋지긋해.
언제까지 이럴 거야!"

두 번째
화살

여기서부터는 미묘한 차이로도 오해되기 쉬워 설명이 어렵다. 어떻게 전달할까 고민해 보았는데, 불교에서 쓰이는 두 번째 화살이라는 비유가 이 문제의 미묘한 점을 잘 전달해 줄 수 있을 것 같다. 두 번째 화살의 내용은 간단하다. 첫 번째로 날아오는 화살은 피할 수 없지만, 마음속에서 생기는 두 번째 화살은 맞지 않아야 한다는 말이다. 좀 더 풀어서 살펴보자.

인생에는 피치 못하게 좌절과 슬픔이 찾아온다. 만남이 있으면 헤어짐이 있고, 오르막이 있으면 내리막이 있다. 불교에서 삶의 본질은 고통이라고 한다. 태어난 것은 반드시 죽는다. 죽음을 두려워하는 인간이 반드시 죽을 수밖에 없다는 사실은 삶의 본질이 고통이라는 것을 여실히 보여 주는 것 같다. 그렇기에 이 우주의 법칙 속에서 누구도 첫 번째 화살의 고통은 피할 수 없다. 하지만 보통 사람은 연달아 화살에 맞지만, 깨달은 사람은 첫 번째 화살에 연연하지 않고 두 번째 화살을 피한다.

이 가르침을 우리 삶에 적용해 보자. 예를 들어 가까운 지인에게 배신당한 사람이 있다. 더군다나 주위 사람들도 사정을 모르고 비난에 동조해서 그는 더욱 고통스럽다. 그는 배신감 속에 주위 사람들과 연락을 끊고 분노와 고통을 되새기며 침잠한다. 이에 대해 두 번째 화살에 대한 일반적인 해설은 다음과 같이 조언한다. 지인의 배신이라는 예기치 못한 첫 번째 화살은 피할 수 없지만, 마음의 고통을 되새기는 두 번째 화살은 피해야 하지 않느냐는 것이다.

삶을 망치고 더 고통스럽게 하는 것은 첫 번째 화살이 아니라 두 번째 화살이다. 그래서 외부에서 오는 첫 번째 화살은 피하지 못하더라도 자기 자신의 마음에서 쏘는 두 번째 화살을 피하는 것이 중요하다. 그러니까 상처에 너무 상처받지 말고, 실망에 너무 실망하지 말고, 아픔에 너무 아파하지 말라는 것이 두 번째 화살에 대한 해석의 핵심이다. 세상과 타인에게 받은 고통에 너무 연연하지 말고 내려놓아라. 고통을 되새기지 말라. 그리하여 첫 번째 화살을 맞더라도 두 번째 화살은 맞지 말라. 일견 타당하고 응당 그래야 하는 것 같기도 하다.

상처에 상처받지 말자, 아픔에 아파하지 말자

그런데 신기하게도 오랜 기간 우울감을 느끼며 살아온 사람들도 이와 유사한 결론에 도달한다. 삶은 고통스럽다. 이들은 오랫동안 이 고통을 벗어나고자 노력했지만 벗어날 수 없었고 결국 이를 수용할 수밖에 없었다. 오랜 기간 시달려 왔기에 더 이상 우울감과 투쟁하려 하지 않는다. 오히려 이를 수용하고 상처에 너무 상처받지 말자, 아픔에 너무 아파하지 말자고 스스로 다짐한다. 그런데 그렇게 해서 마음이 평화로워졌는가 하면 그렇지 않다. 오랜 경험을 통해 얻은 처세술일 뿐 고통은 여전하다. 매를 많이 맞아 본 사람이 덜 아프게 맞는 법을 아는 법이다. 하지만 매의 본질은 고통이다. 아무리 자세를 잘 잡아도 그 본질이 고통이라는 점은 변하지 않는다.

오히려 여기에는 오랜 우울증 환자에게서 느껴지는 가장 깊은 수준의 무력감이 엿보인다. 고통에 대한 저항을 포기하고 순응함으로써 고통을 줄이는 이런 방식이야말로 깊은 무력감이다. 우울증에 걸린 개는 수많은 탈출 시도가 무위로 끝났기에 열린 문을 보면서도 무기력하게 있음으로써 무력감이라는 내적인 고통을 줄인다. 개가 고통스러워하면서도 탈출하지 않는 까닭을 다른 측면에서 보자면, 더 이상의 실망과 좌절을 반복하지 않으려는 단호한 의지이기도 하다. 무력감을 피하려는 생명체의 의지로서 무기력이다.

상처에 너무 상처받지 말고, 실망에 너무 실망하지 말고, 아픔에 너무 아파하지 말자는 말은 나에게 '우울해하지 말자.'라는 말처럼 공허하게 들린다. 사실 상처에 상처받지 않는다면 굳이 상처받지 말자고 되뇔 필요도 없다. 더 이상 상처받지 말자는 다짐은 이미 상처를 받았다는 말이다. 가뜩이나 상처받아 힘든 사람에게 이런 말이 위로가 될 수 있을까? 사실 이들의 고통의 본질은 상처에 상처받고 있다는 것이다. 여기에 상처에 상처받지 말라고 말하는 것은 하나 마나 한 소리다.

결국 두 번째 화살에 대한 기존의 해설은 덜 아프게 맞는 방법에 대한 설명이라는 생각이 든다. 첫 번째 화살을 맞은 후에 고통에 대한 극복이 무력하다는 것을 깨닫고, 극복하려는 의지를 내려놓으려고 노력하라는 이야기다. 그러니까 이는 첫 번째 화살의 고통에서 벗어나고 싶은 자신을 다독이는 과정이기도 하다. '첫 번째 화살은 결코 피할 수 없다. 그러니 이 사실을 수용하고 더 마음을 쓰지 않음으로써 두 번째 화살을 피해 보자.'

노예는 자기가 노예라는 사실을 자각할 때마다 고통을 느낀다. 그래서 탈출을 시도하지만, 실패할 때마다 매질이라는 더 큰 고통을 겪는다. 어느 날 노예는 더 이상 탈출이 무의미하다는 것을 자각한다. 그 결과 자신의 신분을 인정하고 탈출을 시도하지 않는다. 그는 매질을 경험하지 않게 되었지만, 이로써 더 확실히 노예가 되었다. 고통은 줄었지만 없어지지 않았고 없어질 수도 없게 되었다.

불교의 가르침이 이런 시시한 이야기일 리 없다. 상처에 너무 상처받지 말고, 실망에 너무 실망하지 말고, 아픔에 너무 아파하지 말자는 것은, 물론 그렇게 되면 좋겠지만 오히려 이 조언이야말로 두 번째 화살에 제대로 직격되는 것이다. 왜냐하면 상처에 너무 상처받고 싶지 않아도, 실망에 너무 실망하고 싶지 않아도, 아픔에 너무 아파하고 싶지 않아도, 그러는 것이 옳다는 것을 알아도 그렇게 되지 않는 것이 삶이기 때문이다. 누군들 상처받고 실망하고 아파하고 싶겠는가. 그래서 이 조언은 심오해 보이지만 공허하다. 두 번째 화살에는 이와 다른 해석이 있어야 하지 않을까?

세 가지
고난

오랫동안 우울한 사람들은 복잡한 형상의 고통감을 경험한다. 이런 고통감은 다양한 감정들이 뒤범벅되어 핵심을 찾기가 쉽지 않다. 일단 문제를 단순화하기 위해 불안에 시달리는 예시를 살펴보자. 현실에서는 이보다 복잡한 경우가 많다.

영호 씨는 아주 어린 시절부터 불안감이 심했다. 그래서 영호 씨의 삶의 중심에 불안이 놓였다. 영호 씨는 불안 때문에 도망치기도 했고 오히려 불안 덕분에 힘거운 일을 해내기도 했다. 왜 그래야 하는지에 대한 의문도 없이 영호 씨는 불안을 피하기 위해 불안에 주목하며 불안 속에서 살았다. 물론 강한 불안감은 영호 씨의 삶을 제약했고 그 안에서 영호 씨는 고통스러웠다. 이것이 영호 씨의 첫 번째 고난이다.

영호 씨 이야기

성인이 된 영호 씨는 다양한 경험을 통해 이전과는 다른 생각을 하게 된다. '알고 보니 나는 내면에 불안이 크구나. 세상이나 남들 때문이 아니라 그저 내가 불안한 것이었구나.' 그러면서 영호 씨는 생각한다. '이제 더 이상 불안에 휘둘리지 말자.' 세상이나 타인이 문제라면 영호 씨의 불안은 영호 씨의 힘으로 극복하기 쉽지 않다. 그런데 영호 씨는 지금까지 불안과 분리되지 못했던 자신의 내면을 보았고 불안이 자신의 삶에 미치는 영향을 보았다. 그랬더니 불안이 밖이 아니라 내 안에 있었다. 그래서 영호 씨는 이 깨달음으로 내면의 불안을 극복하자고 다짐한다. 그리고 이것이 영호 씨의 두 번째 고난이다.

왜 이것이 고난인가? 왜냐하면 영호 씨는 결코 이 불안감을 떼어낼 수 없다는 사실을 결국 알게 되기 때문이다. 고통스러운 시도를 반복하며 영호 씨는 깨닫는다. '이 불안감은 나의 내면 가장 깊숙한 곳에 자리 잡아서 결코 벗어날 수 없구나.' 이 깨달음은 나 자신에 대한 통합감의 상실을 의미하기에 우울감을 낳는다. 결코 불안감에서 벗어날 수 없다고 생각하기에 무력감을 낳는다.

첫 번째 고난의 시기에는 불안과 내가 하나였기에 불안의 원인이 외부에 있었다. 따라서 나를 불안하게 만든 세상과 타인이 원망스러웠다. 하지만 두 번째 고난의 시기에는 불안이 내 마음에서 나오는 것임을 알았기에 원망이 나를 향한다. 오랜 기간 불안에 시달리며 세상에 화가 많던 영호 씨는 이제 비로소 우울해진다. 외부가 아니라 내면이 문제의 원인이라는 자각도 우울감에 일조하지만, 이를 벗어날 수 없음을 깨닫는 것이야말로 무력감에 의한 우울감이다. 그래서 첫 번째 고난과 달리 두 번째 고난의 시기에는 어찌할 수 없는 깊은 좌절과 우울을 경험한다.

마침내 영호 씨는 세 번째 고난으로 나아간다. 오랫동안 우울한 사람들이 도착하는 그곳이다. 이제 불안과 싸워 극복하거나 도망치는 것을 내려놓는다. 불안도 나의 일부로, 삶의 일부로 인정하려고 애쓰는 것이다. 싸우지도 회피하지도 않는 것. 그럼으로써 불안에 더 휘둘리려고 하지 않는 것. 그 결과 오랜 기간 불안한 자신에게 우울했던 분들은 이 단계에서 마음이 가벼워지고 심각하게 우울한 경향은 줄어든다. 하지만 여전히 불안하고 우울하고 고통스럽다. 앞의 글에서 설명한 것처럼 이런 마음가짐은 두 번째 화살을 덜 아프게 맞는 요령에 가깝기 때문이다. 오히려 이 단계에서는 더욱 깊은 형태의 무력감이 드러난다. 이런 분들은 정신과에 내원해서 약은 받지만 치료에 저항적이다. 치료에 대한 기대를 내려놓음으로써 얻은 평화이기에 이 분들의 마음은 견고하다.

체념과 수용이 낳는 감정

하지만 덜 아프다고 해도 고통은 고통이다. 결국 어떤 방법으로도 이 불안에서 벗어날 수 없다는 준엄한 진실은 버겁다. 자유를 포기한 노예에게 가혹한 채찍질은 덜하겠지만 노예라는 실존적 고통은 여전하다. 영호 씨는 때때로 견딜 수 없는 불안이 덮칠 때마다 스스로를 위로한다. '곧 끝나잖아. 이것도 삶의 일부로 받아들이자. 불안 때문에 더 불안해지지 말자. 달리 방법이 없잖아.'

하지만 이런 내면의 광경은 영호 씨를 혼란스럽게 한다. 투쟁이나 도피는 물론이거니와 수용조차 소용없는 불안감의 막다른 골목에서 더 이상 할 수 있는 것이 없다는 무력감이 차오른다. 사실 영호 씨는 지금도 이유 없이 쉽게 불안해지는 자신을 이해할 수 없다. 다만 피할 수 없는 현실이니까 어쩔 수 없이 받아들였을 뿐이다. 이러한 체념적인 수용 속에 공허감이라는 감정이 생겨난다.

무력감은 고통이라고 했다. 그런데 생명체는 고통을 주는 대상에게 분노한다. 그래서 고통은 분노와 맞닿아 있다. 내가 느끼는 무력감이 세상 때문이라고 생각할 때 나에게 고통을 주는 세상에게 분노하고, 무력감이 나 때문이라고 생각할 때 우울감에 잠긴다. 이때의 우울은 나 자신을 향한 분노에 시달리는 나의 소감이다. 그러니까 세상 탓을 하면 분노로 힘들고 내 탓을 하면 우울로 힘들어진다. 분노라는 고통의 끝에서 우울이 시작되고, 우울이라는 고통의 끝에서 다시 세상에 대한 분노가 올라온다.

이런 고통의 순환에서 끝내 다다르는 곳이 삶에 대한 무력감인 공허감이다. 공허감은 자신을 향한 분노와 우울로 뒤덮여 있다. 공허감을 들여다보기 힘든 이유는 텅 비어 보이는 그 안에서 마치 활화산처럼 분노와 우울이 올라오기 때문이다.

첫 번째 고난이 분노라면 두 번째 고난은 우울이다. 하지만 두 가지 고난을 마침내 해결했다고 생각하는 그곳에서 세 번째 고난, 공허감을 맞닥뜨린다. 사실은 고통을 회피했을 뿐 해결되지 않았다는 진실이 세 번째 고난의 실체이다. 공허감은 이런 자신이 사실 삶에 대해 무력했음을 느끼는 소감이다. 우울증을 열심히 사는 것으로 극복할 수 없는 것처럼, 삶을 치열하게 사는 것이 공허감에 대한 해결책이 될 수 없다. 이런 태도는 오히려 자신이 삶에 무력하다는 진실을 기만하는 마취제가 된다.

그 어떤 노력도
무용해진 자리에서

불면에 시달리던 사람이 자려고 애를 써도 잠을 잘 수 없었다. 겨우 잠이 들어도 자주 깨고 다시 잠들기 어려웠다. 불현듯 이 사람은 '너무 자려고 노력해서 못 잔 것은 아닐까?'라는 깨달음을 얻는다. 그래서 이 사람은 지금까지와 반대로 잠을 자야 한다는 강박을 부드럽게 다독이며 자려는 노력을 내려놓으려 한다. 그래서 이 사람은 드디어 불면에서 해방되었을까? 그렇지 않다. 여전히 불면의 고통에 시달린다. 왜 그럴까?

잠을 자려고 노력하는 것과 잠을 자려는 노력을 하지 않으려 노력하는 것은 방향만 반대일 뿐 동일한 목적의 행동이기 때문이다. 둘 다 잠을 자야 한다는 강박에 기반을 둔 행동이다. 잠을 자려는 노력이 경험을 통해 작동하지 않는다는 것을 깨달은 후 어쩔 수 없이 방법을 바꾼 것이다. 목적지는 여전히 같다. 오히려 더 무거운 짐이 얹혀졌다. 잠을 자려고 노력하는 나와 그 힘을 빼려고 노력하는 나. 자아의 힘은 분열되었고 결과적으로는 어떠한 방법으로도 잘 수 없다는 체념 속에 잠에 대해 더욱 무력해진다.

영미 씨 이야기

영미 씨는 초등학교 선생님이다. 어릴 때부터 꿈꾸던 교사 생활을 시작하며 기대에 부풀었던 영미 씨는 곧 여러 가지 어려움에 봉착했다. 초임인데도 기피되는 어려운 행정 업무를 맡은데다가, 고학년 반의 담임이 되며 여러 문제 학생들을 맡게 되었다. 영미 씨는 일이 안 될 때마다 스스로를 책망하는 습관이 있는 사람이다. 그 책망의 힘으로 열심히 정면 돌파하며 문제를 해결하려는 사람이다. 하지만 여러 아이들의 다양한 욕구와 갈등은 영미 씨가 열심히 한다고 해결될 수 없었다. 어느 날 영미 씨는 출근 준비를 하던 중 숨이 쉬어지지 않았고 팔다리가 떨려 왔다. 하지만 영미 씨는 무책임한 사람을 가장 싫어한다. 이런 상황에서 책임을 다하지 못하고 도망치는 자신의 모습을 상상조차 할 수 없었다.

그러던 중 정신적으로 쇠약해진 영미 씨가 병원에 내원했다. 어렵게 내린 결정이지만 치료를 시작하면서 회복이 빨랐다. 조금씩 회복하던 어느 날 영미 씨는 자신이 그동안 책임지려는 강박이 너무 심하여 자책하며 살아온 것 같다고 말했다. 완벽해야 한다고 자신을 몰아 세웠고 그러다가 자책 속에 스스로 무너지게 된 것 같다고 했다. 그래서 영미 씨는 이제 너무 무겁게 생각하지 말고 가볍게 할 수 있는 만큼만 하자고 자신을 격려하게 되었다고 했다. 다시 교사 생활이 즐거워졌고 이제는 약을 끊어 볼 수 있겠다는 자신감도 생긴다고 했다.

그런데 얼마 지나지 않아 학급에서 아이들끼리 다투다 한 아이가 병원에 가는 일이 있었다. 피해자의 학부모는 어떻게 학교에서 이런 일이 있을 수 있냐고 격하게 따졌다. 영미 씨는 암담해진 그 순간에도 할 수 있는 만큼만 하자며 자신을 다독였지만 숨이 쉬어지지 않았고 팔다리의 떨림도 진정되지 않았다. 이때 영미 씨는 다시금 이렇게 된 자신을 보며 정말 괴롭고 앞이 깜깜해져 이 세상에서 완전히 사라지고 싶었다고 했다. 잘 지내던 영미 씨가 왜 이렇게 궁지에 몰렸을까? 자신의 감정과 마음까지 살피며 차츰 안정이 된 영미 씨가 왜 더욱 힘들어졌을까?

영미 씨는 원래 힘든 순간마다 열심히 자책하며 문제를 정면 돌파해 오던 사람이다. 그런데 영미 씨는 자신의 방식이 결국 자신을 지치고 병들게 한다는 사실을 받아들였고 그래서 익숙한 무기를 내려놓았다. 그렇게 하고 나니 마음은 가벼워졌고 전보다 유연하게 상황에 대처하며 문제들을 풀어나갔다. 그런데 세상이 그렇게 만만한 것은 아니었다. 영미 씨에게 결국 그 순간이 다시 찾아왔다. 유연하게 내려놓는 것 정도로는 해결하기 어려웠다. 하지만 영미 씨는 이제 자책하며 문제를 해결하는 일조차 할 수 없었다. 이렇게 힘들고 난처해진 상황에서 영미 씨는 자책을 할 수도, 하지 않을 수도 없는 벼랑 끝에 몰렸다. 벼랑 끝에서 아무 무기도 없는 영미 씨는 속절없이 도망치고 싶어졌다. 영미 씨가 가장 싫어하는 무책임한 모습이었다.

그렇게 영미 씨는 다시 한번 무너졌다. 이번에는 더욱 자신에게 실망했고 무력해졌다. 아니 이번이야말로 영미 씨는 무력해졌다. 이 수렁을 보고 있자면 깨달음 따위는 마음의 고집스러운 방식에 비하면 아무것도 아닌 것 같다. 자책을 할 때도, 자책을 하지 말자고 다짐할 때도 영미 씨는 결국 다시 자책하는 자리에 섰다. 영미 씨는 그 어떤 노력도 무용해진 외로운 자리에서 자신을 향한 무력감을 느낀다. 그러니까 영미 씨는 공허감을 느낀다. 이렇게 방향을 잃은 영미 씨는 이제 어떻게 해야 할까? 아니 도대체 무엇이 문제일까?

6장

작은 용기가
모든 것을 바꾼다

다시 마주한 나

한 단어로
정의하기

무력감을 한 단어로 설명한다면 괴로움이라고 할 수 있겠다. 절
망감, 압도됨, 공황 발작 같은 단어도 무력감을 설명해 주지만 고
통만큼 무력감을 잘 말해 주는 단어는 없는 것 같다. 무기력감은
나에게 있어서 후회라는 단어를 떠오르게 한다. 과거의 실패에 대
해 후회가 큰 사람은 이번만큼은 후회하지 말자고 다짐하며 무기
력에 빠진다. 왜냐하면 과거에 대해 후회가 절절하다는 것은 지금
현재 후회라는 감정에 몰두하고 있다는 것과 같은 말이어서 그렇
다. 아울러 마음의 관심이 미래에 후회할지 여부에 집중되어 있다
는 말이기도 하다. 하지만 미래는 정해져 있지 않고 어떤 선택이
후회를 온전히 피할 수 있는지 아무도 모른다. 그 결과 아무것도

선택하지 않는 선택을 함으로써 후회할 여지를 없애는 선택을 한다. 바로 무기력이다.

예를 들어보자. 어떤 사람이 결혼은 하고 싶지만 죽어도 이혼은 할 수 없다고 생각한다. 하지만 결혼을 한 이상 아무리 내가 이혼하기 싫어도 이혼할 수도 있는 법이다. 나는 문제없지만 상대가 바람이 날 수도 있다. 그래서 이혼을 하지 않는 가장 완벽한 방법은 결혼을 하지 않는 것이다. 정말 이혼하고 싶지 않은 이 사람은 결혼을 할 수도 하지 않을 수도 없는 딜레마에 갇힌다. 결혼에 대한 무기력이다.

주호 씨 이야기

반면에 공허감을 설명하는 한 단어는 떠오르지 않는다. 두 개의 단어가 떠오른다. 수치심과 분노. 공허감은 연쇄의 감정이다. 수치심과 분노가 끊임없이 이어지는 동적인 감정이다.

공허감을 생각하면 주호 씨가 떠오른다. 주호 씨의 아버지는 사회적으로 실패한 알코올중독자였다. 술을 많이 마신 날이면 꼬투리를 잡아 주호 씨를 욕하고 때렸다. 주호 씨는 밤이 되면 아버지가 언제 올지 몰라 가슴이 뛰었다고 한다. 주호 씨는 술에 취해 화내는 아버지에게 잔뜩 움츠러들고 눈을 내리깔았다. 그런 주호 씨를 보면 아버지는 폭주했다. 아버지의 레퍼토리는 이렇다. "어깨 펴고 당당하게 살아도 될까 말까야. 이 따위로 비굴하게 살려면 차라리 나가 버려." 주호 씨의 아버지는 아들이 비굴해하는 모습을 보면 눈이 뒤집히는 것 같았다.

어쩌면 주호 씨의 아버지는 평소 당당하지 못하고 비굴한 자신에게 울화가 차 있었는지도 모른다. 그러다가 술을 마시면 자신의 모습이 투영되어 보이는 아이를 향해 참을 수 없는 분노를 느끼고 욕설을 내뱉고 폭력을 행사했는지도 모른다. 자신의 아이가 당당하게 자라기를 바라는 바람이 이상한 것은 아니지만 방법은 좋지 않았고 결과는 참담했다. 주호 씨는 결코 아버지에게 당당해지지 못했다. 오히려 주호 씨는 점점 아버지를 피하고 어깨를 늘어트리고 눈을 깔게 되었다. 그런 주호 씨를 볼 때마다 아버지는 격렬하게 화를 냈지만 주호 씨는 점점 아버지의 바람과 반대로 되었다. 사실 주호 씨의 아버지는 혼낼 때마다 더욱 위축되는 주호 씨의 모습을 보며 자신이 잘못하고 있다는 것을 알아야 했다. 하지만 격렬한 분노에 싸인 순간, 주호 씨의 아버지는 그러지 못했고 자신의 아이에게 고통을 주었다.

어느덧 주호 씨는 아버지와 연락을 끊어 버린, 홀로 선 어른이 되었다. 하지만 아버지와 헤어지고 어른이 된 지금도 주호 씨의 마음 안에서 여전히 그날의 상황은 현재 진행형이다. 주호 씨는 어른이 된 지금도 자신이 당당하지 못하고 비굴하다고 느낄 때면 숨이 막히도록 수치스러워 도망치고 싶고, 동시에 자신과 세상을 불태워버릴 것 같은, 심지어 내가 없어져도 상관없을 것 같은 격렬한 분노에 휩싸인다. 이런 분노 속에 주호 씨는 더욱 움츠러들고 그런 자신의 모습이 비굴하게 느껴져 더욱 수치스러워진다. 비록 아버지와 헤어졌지만 트라우마는 여전히 주호 씨의 마음 안에서 일인극으로 반복된다.

공허감을 설명하는 한 단어는
떠오르지 않는다.
두 개의 단어가 떠오른다.
수치심과 분노.

블랙홀 같은
감정

주호 씨는 문제가 없지만 문제가 많았다. 주호 씨는 '항상 쿨하게'라는 자신의 모토를 지키며 성실하게 살아 왔다. 쿨하고 성실한 주호 씨에 대해 친구들은 성공할 것이라고 했고 주호 씨 본인도 그렇게 생각했다. 하지만 이상하게도 좋은 기회는 주호 씨를 빗겨 나가고는 했다. 주호 씨는 좋은 대기업에 합격했지만 기회를 마다하고 쿨하게 중견기업에 입사했다.

회사에서 주호 씨는 당당하고 쿨했으며 인정받았다. 주호 씨는 역시 용의 꼬리보다는 뱀의 머리가 낫다는 생각을 했다. 그런데 승진을 거듭하면서 오히려 문제가 생겼다. 이제 성실히 업무를 하는 것보다 골프를 치고 술을 마시며 영업을 하는 것이 성과를 좌

우하는 자리에 올라갔지만, 그런 자리가 이상할 정도로 주호 씨에게 불편했다. 성공하기 위해 무엇을 해야 하는지 분명했지만 그 분명한 무엇이 주호 씨에게 너무 어려웠다. 성과를 내지 못해 사장의 심기를 살필 때 주호 씨는 이해하기 힘들 정도로 자신에게 화가 났다. 그러면서도 사소한 일에 쿨하지 못한 자신이 답답하고 불편했다. 그렇다고 이사가 된 주호 씨가 고작 이런 이유로 쿨하게 그만둘 수도 없는 노릇이었다.

주호 씨의 역린

그러던 어느 날 자신이 성사하지 못한 거래를 주호 씨가 아끼는 부하 직원이 살려냈다. 거래처에 비굴하도록 감사를 표하는 부하 직원을 보면서 주호 씨는 칭찬을 해 주지 못했다. 너무 역겨운 느낌이 들어서였다. 거래를 성사시키고도 오히려 자신의 눈치를 보는 부하 직원에게 도리어 욕하고 때려 주고 싶은 충동도 들었다. 도저히 이해할 수 없는 충동이었다. 그래서 요즘 주호 씨는 혼란스럽고 심란하다. 도무지 마음의 갈피를 잡을 수 없다. 자신이 성공을 꿈꾸는 야망을 가진 사람이라고 생각했는데 이제 주호 씨는 자신의 마음을 잘 모른다. 절절히 성공을 꿈꿔 왔지만 성공 가도에서 도망치고 싶기도 했다.

주호 씨는 어린 날의 자신과 아버지를 다시 만났다. 주호 씨 안에는 어린 날의 수치스러운 자신이 있었고, 분노에 찬 아버지도 있었다. 사실 주호 씨의 역린은 비굴함이 아니다. 주호 씨의 역린은 아버지다. 주호 씨는 아버지를 떠올리면 비굴한 자신의 모습이 떠올라 수치스러웠고, 화가 난 자신의 모습과 아버지의 모습이 겹쳐질 때는 자신을 갈가리 찢어 버리고 싶은 분노에 몸이 떨렸다.

물론 주호 씨가 실제로 이렇게 논리 정연하게 감정을 경험한 것은 아니었다. 그저 갑자기 온몸이 얼어붙은 듯 꼼짝할 수 없었고, 괴로움이 목 끝까지 차는 질식감에 시달렸고, 곧이어 이해할 수 없는 거대한 분노가 주호 씨를 덮쳤다. 그러니까 주호 씨는 수치심과 분노 사이에 단단히 끼었다. 수치심 속에서 도망치고 싶었지만 도무지 이 분노를 피할 곳은 없었다. 고작 웅크리며 할 수 있는 것이 없었다.

주호 씨를 무엇보다 힘들게 한 것은 부하 직원을 향한 미칠 듯한 분노였다. 자신의 눈치를 보는 직원에게 격노하는 자신의 모습에서 아버지가 겹쳐 보여 미칠 것만 같았다. 화를 낼 수도 화를 내지 않을 수도 없는 막다른 골목에서 꼼짝 못 하는 그를 향해 죽일 듯한 분노가 덮쳤다. 주호 씨는 모든 것이 한순간에 실패한 것 같아 눈앞의 창문에서 뛰어내려 떨어지고 싶었다고 했다. 어쩌면 주호 씨는 죽고 싶은 것이 아니라 아버지를 죽이고 싶었던 것인지도 모른다.

죽을 수도, 죽지 않을 수도 없는 이 압도적인 분노는 곧 지나갔지만 이제 주호 씨는 곤혹스러운 우울감에 시달렸다. 주호 씨는 과거의 상처에서 드디어 벗어났다고 생각했지만 여전히 제자리였다는 것을 알게 되었다. 아무리 노력해도 벗어날 수 없다고 생각하며 주호 씨는 무력감을 느꼈고 자신감을 상실했다. 그래서 그는 가장 중요한 것을 영영 잃어 다시 찾을 수 없다고 생각하며 우울감에 시달렸다. 주호 씨에게 이 모든 것이 갑작스러웠지만, 공황 발작이 덮칠 때 주호 씨는 이 느낌이 어딘가 익숙하고 잘 아는 느낌이라는 것을 알았다. 이토록 생경하고 거대한 느낌이 사실은 이렇게 늘 가까이에 있었다는 것을 이미 알고 있었다. 주호 씨는 공허했던 것이다.

포장이 풀릴 때

주호 씨의 공허함은 수치심으로 단단히 포장되어 있다. 이 수치심에 가까이 다가갈 때 주호 씨는 미칠 듯한 분노에 빠진다. 자신과 세상을 모두 부숴 버릴 듯한 분노라서 피하지 않으면 모든 것이 망쳐질 것 같다. 그래서 주호 씨는 그 단단한 포장 안에 무엇이 있는지 몰랐고 접근도 하지 않았다. 다시 말해 주호 씨는 늘 바쁘게 살아가며 자신이 공허한 줄조차 몰랐다. 하지만 세상일이 뜻대로 되지 않으며 주호 씨에게 실패와 시련이 닥쳤다. 주호 씨 안에 단단한 포장이 풀렸고 수치스러움이 흘러나왔다. 그리고 이를 본 주호 씨는 분노해 어쩔 줄 몰라 한다. 분노와 수치 사이에 단단히 갇혀 이러지도 저러지도 못한다.

주호 씨는 아버지가 되었다가, 아들이 되었다가, 부하 직원이 되었다가, 수치스러웠다가, 화났다가, 도무지 어찌할 수 없는 파도에 자꾸 휩쓸린다. 수치와 분노의 파도가 들끓는 내밀한 공허함이다. 주호 씨는 전혀 쿨한 사람이 아니다. 수치스러움에 화가 나 견딜 수 없는 사람이었을 뿐이다. 쿨함이 사라진 자리에 공허함은 이렇게 드러났다. 다시 생각해 보니 공허감도 한 단어로 표현할 수 있을 것 같다. 공허함은 블랙홀 같은 감정이다. 무엇이든 빨아들이고 먹어치우는 거대한 허기다.

수치와
분노

주호 씨가 내원한 이유는 술 문제였다. 이제는 술을 끊고 싶다고 했다. 그동안 일도 인간관계도 엉망이 되는 것 같아 불안해서 밤에 술을 마시지 않고서는 도저히 잘 수 없었는데, 술 대신 약이라도 먹으려고 내원했다고 했다. 하지만 진료가 거듭되며 술 문제, 수면 문제는 표면적인 이유였고 좀 더 내밀한 이유가 있었다.

내원 얼마 전 주호 씨는 연을 끊은 아버지가 자신을 찾고 있다는 것을 친구를 통해 알게 되었다고 했다. 기초 수급 관련한 신청 때문에 주호 씨가 필요한 상황이라고 했다. 이때 주호 씨는 살의에 가까운 분노에 시달렸다. 격렬한 분노가 파도처럼 밀려와 아버지를 찾아가 죽이고 자기도 죽는 상상이 계속 반복되었다고 했다.

겨우 아버지 때문에 중견기업의 이사까지 오른 자신의 삶을 망칠 수는 없다고, 불필요한 상상이라고 생각했지만 그럼에도 그 생각은 반복해서 떠올랐다고 했다. 그렇게 생각에 잠기다 보면 너무 허탈하고 텅 빈 것 같아서 견딜 수 없었고 이럴 때는 정말 술 말고는 옆에 아무것도 없었다고 했다.

주호 씨는 사실 성인이 되기 전에는 술을 마셔 본 적이 없었다. 진료 중 잠시 지나가는 말로 아버지를 반면교사로 삼아 술만은 절대 마시지 말아야겠다고 어릴 때부터 다짐했다고 했다. 다만 회사에서 승진할수록 어쩔 수 없이 술을 마셔야 하는 자리가 늘어났고 그러다 보니 어느새 술을 끼고 지내는 신세가 되었다.

처음에 주호 씨는 일 때문에 어쩔 수 없이 술을 마신다고 말했지만, 어느 날은 마음속 깊은 곳에서 자신이 술을 끊지 못한다는 사실을 알고 있다고 고백했다. 주호 씨는 술을 마시는 자신이 너무 싫고 부끄러웠다. 더군다나 최근에 아버지의 소식을 듣고 나서는 걷잡을 수 없이 술이 늘어 조절되지 않았고 회사에 못 가는 날도 생겼다. 이러다 자신도 아버지처럼 되는 것이 아닌가 걱정이 되었다. 술을 마시며 그럭저럭 지내 왔던 그가 내원한 진짜 이유였다.

분열된 나

진료를 하던 어느 날 마침 아버지 이야기가 나왔다. 주호 씨에게 물었다. "아버지를 용서할 수 없다고 생각하시나 봐요?" 주호 씨가 답했다. "아니요 선생님, 다 잊고 정리했어요. 이제 그 사람을 제 삶에서 완전히 지웠어요. 악연이었고 이제 다 끝난 일이에요. 그리고 제가 살아 있는 동안 그 사람을 볼 일은 절대 없을 거예요."

주호 씨의 마음은 단호했다. 친부와 연을 끊는 사이가 되었다는 것은 관계에 쌓인 애증을 남들이 함부로 판단할 수 없다는 뜻이다. 나 역시 마찬가지다. 당연히 주호 씨에게 빈말이라도 아버지를 용서하고 잊으라고 이야기할 수 없다. 치료자의 말이 때로는 날카로운 흉기가 될 수 있어서 고통과 혼란에 빠진 주호 씨를 더욱 아프게 찌를 수도 있다. 더군다나 그의 상처는 깊고, 지금도 피를 흘리는 중이다.

그는 아버지를 자신의 삶에서 완전히 놓아 주었고 모든 정리를 마쳤다고 생각한다. 하지만 그의 그런 단호함이야말로 그가 아버지를 놓지 못하고 있다는 증거이기도 하다. 주호 씨는 아버지와 헤어졌지만 여전히 헤어지지 못하고 있다. 아버지를 놓을 수도 붙잡을 수도 없는 그는 그래서 잊는 것을 선택했다. 잊기 위해서는 술이 필요한데 하필 술이야말로 아버지와 그를 떼려야 뗄 수 없게 만든다. 그래서 그는 모순 속에서 혼란에 빠져 있다. 아버지와 단절되기 위해서 술이 필요한데 술을 마실수록 더욱 아버지와 연결된다.

그는 아버지와 헤어졌다고 생각해 왔지만 그가 누군가의 눈치를 보게 되는 순간, 혹은 그와 아주 가까운 누군가가 비굴하게 보이는 순간 다시금 격렬한 감정에 휩싸인다. 마음속에서 아버지와 어린 시절의 자신이 깨어나고 그 둘은 다시 만난다. 그는 아버지에게 화를 내지만 그래서 자신에게 화를 낸다. 아버지는 이제 주호 씨 마음속에 있기 때문에 아버지를 미워할 때 주호 씨는 자신을 미워한다.

주호 씨는 때때로 자신을 죽이고 싶을 정도의 격노에 휩쓸린다. 자신이 망가져도 상관없다고 생각하는 순간이 때때로 있다. 하지만 주호 씨가 아버지를 죽이고 싶은 마음은 자신을 죽이고 싶다는 것이기도 하다. 죽고 싶은 사람은 없다. 그래서 주호 씨는 두려움에 저절로 몸이 움츠러들며 숨도 쉬기 힘들어진다. 주호 씨가 가장 싫어하는 자신의 모습이다.

공허감은 이런 감정이다. 마치 꽉 쥔 두 손 같아 어느 쪽에선가 풀어야 하지만 어느 쪽에도 풀라고 할 수 없다. 수치심으로 단단히 포장되어 있고, 분노로 겹겹이 싸인 감정이어서 접근하기도 쉽지 않다. 하지만 그 안에는 주호 씨의 깊은 상처, 무력감이 있고 이런 자신의 삶을 바라보는 주호 씨의 소감인 공허감이 있다. 그

러니까 공허감은 무력감에 상처받고 분열되어 있는 자신에 대한
슬픈 소감이기도 하다.

어쩌면 주호 씨는 죽고 싶은 것이 아니라
아버지를 죽이고 싶었던 것인지도 모른다.

왜 해결이
어려울까

놓았지만 여전히 놓지 못하고 있다. 이를 집착이라고 한다. 감정의 문제가 이렇다. 무력감이 그렇고, 무기력감이 그렇고, 특히 공허감이 그렇다. 공허감은 더군다나 나와 나 사이의 관계에 대한 감정이다. 주호 씨가 아버지를 미워하는 한 주호 씨는 결코 자신을 사랑할 수 없다. 그러면서 한편 주호 씨는 자신에 대한 사랑의 결핍에 괴로워한다. 스스로 아무리 자신을 사랑하려 노력해도 소용없다. 어느 순간 수치스러운 자신이 나타나고, 그 모습에 분노하는 자신이 나타나며 모든 것은 한순간에 망가진다. 어떻게 해도 채울 수 없는 결핍감을 느끼며 주호 씨는 이런 자신을 도무지 이해하지 못한다.

마음의 치유

그럼 어떻게 해야 할까? 다음의 상황을 생각해 보자. 아이가 어느 날부터 등교를 거부하고 방에서 나오지 않는다. 엄마는 학교에 가지 않고 문을 잠근 아이가 걱정되고 화도 난다. 소리 지르고 방문을 두드린다. '안 가면 자기 손해지.'라고 생각하며 무시해 보기도 하고 방문을 열게 하기 위해 다양한 시도를 해 보기도 한다. 때로는 격렬히 문을 두드리며 화를 내 보기도 한다.

하지만 어떻게 해도 아이는 대꾸가 없고 닫힌 방문은 열리지 않는다. 엄마는 방법을 바꿔 보기로 한다. 학교에 안 가면 어떤 손해가 있는지 자세히 알려 주고, 방문을 열고 나오면 어떤 이득이 있는지 설명한다. 당연히 방문을 열고 나오는 것이 합리적이다. 감정에 휩싸여 그 점을 잊었는지도 모르니까 어른으로서 친절하게 설득한다. 하지만 여전히 방문은 열리지 않는다.

사실 아이도 자신의 이해득실은 안다. 당연히 문을 열고 학교에 가는 것이 합리적이다. 하지만 무슨 이유에서인지 방문을 열지 않는다. 아이를 사랑하고 장래를 염려하는 엄마로서는 답답하고 화가 날 것이다. 영문을 알 수 없고 아무리 노력해도 반응이 없으니 더욱 그렇다. 엄마는 내키지 않지만 무거운 마음으로 이야기한다. "네가 왜 그러는지 모르겠지만 그럼 어쩔 수 없지. 포기할게. 그래도 엄마한테 왜 나오지 않으려고 하는지 이해할 수 있게 이야기라도 해 줬으면 좋겠어." 그래도 여전히 방문은 열리지 않고 응답도 없다. 모든 노력이 무의미해진 뒤 엄마의 분노는 차가워진다. 이렇게 시간이 흐르며 벽이 세워지고 침묵이 흐른다.

엄마는 아이를 사랑했고 여러모로 애썼지만 아무것도 나아지지 않았고 아무것도 변하지 않았다. 도대체 무엇이 문제일까? 불면의 문제와 마찬가지다. 방향만 다를 뿐 모두 한 가지 목적을 위한 행동이었다. 화를 내는 것도, 화를 참고 어르는 것도, 모두 방문을 열고 아이를 학교에 가게 하기 위한 수단이었다. 온전히 아이 자체가 대상이 되지 못했다. 방문을 열고 학교에 가는 것이 너무나도 중요한 나머지 왜 아이가 그런지는 부차적인 문제가 되었다. 그래서 아이를 이해하려는 시도조차도 아이를 학교에 가기 위한 수단이 되었다. 하지만 아이가 학교에 가지 않는 것에는 당연히 이유가 있는 법이다. 이유가 있는데 엄마가 모를 뿐이다. 엄마가 아이를 알고 있다는 착각을 아이는 방문을 열지 않음으로써 일깨워 준다.

부모는 아이를 키우면서 아프지 않도록 애쓰고, 아프면 낫게 하기 위해 애쓰지만 아픈 아이가 나을 수 없다고 하더라도 결코 아이를 버리지 않는다. 아프지만 나을 가망이 없는 아이 옆에는 치료의 성패와 상관없이 그저 같이 있는 부모가 있다. 부모는 아이에 대한 치료가 실패했을 때 오히려 더욱 아이의 존재성에 주목한다. 치료라는 목적을 놓았기에 아이의 존재 자체에 오롯이 집중할 수 있다. 아이를 치료하려고 노력하는 것도 사랑이지만 치료에 실패하여 가망 없는 아이의 손을 따뜻하게 잡아 주는 것이야말로 더 중요한 사랑이다. 몸과 달리 마음의 문제에서는 오히려 이것이 치유이다. 이것만이 치유이다.

문제의 본질

다시 두 번째 화살 이야기로 돌아가자. 첫 번째 화살을 맞고 나서 당연히 두 번째 화살을 맞지 않는 것이 좋다. 피할 수 있으면 가능한 한 피하려고 애써야 한다. 하지만 첫 번째 화살을 피할 수 없는 것과 마찬가지로 아무리 애써도 두 번째 화살을 피하지 못하는 경우들이 있다. 그래서 두 번째 화살을 맞는지 아닌지는 그다지 중요한 일이 아니다. 첫 번째 화살에 그렇게 고통스러워하면서도 두 번째 화살을 피하지 못한 나 자신에게 초점을 맞추어야 한다. 첫 번째 화살이 얼마나 고통스러웠기에 두 번째 화살이 날아오는데도 피하지 못했을까? 두 번째 화살을 맞은 순간에 오히려 해야 할 일이 많다. 두 번째 화살을 맞은 내 손을 잡아 줄 수 있는 것도 나이기 때문이다.

나는 이렇게 생각한다. 처음부터 두 번째 화살은 없다. 두 번째 화살이라고 생각한 것도 첫 번째 화살이다. 그래서 아무도 두 번째 화살을 맞지 않는다. 대중도 성자도 그렇다. 그러니까 여기서 두 번째 화살을 피하자는 말은 의미를 잃는다. 그저 여기에는 화살을 맞은 나와 이런 나를 바라보는 나의 관계가 있을 뿐이다. 두 번째 화살을 피하라고 소리 지르는 내가 있을 수도, 화살을 맞은 나의 손을 잡아 주는 내가 있을 수도 있다. 화살에 맞은 순간 화살이 아니라 나와 나 사이의 관계만 남는다.

　방문을 걸어 잠근 아이의 이야기도 마찬가지다. 아이는 방문을 잠근 적도 없고, 반응을 하지 않은 적도 없다. 늘 충실하게 이야기해 왔고 방문은 항상 열려 있었다. 반드시 학교에 가야 한다는 집착이야말로 무겁게 내려앉은 철문이었고, 이 철문을 어떻게 열어야 하나 독백하면서 아이의 끊임없는 조잘거림을 못 들었을 뿐이다. 그러니 무거운 철문에 그저 귀를 바짝 대는 것 외에 더 애쓸 것도 없다. 그것만으로도 아이가 말하는 놀랍도록 풍성한 이야기를 들을 수 있다. 이렇게 쉽게 이 모든 이야기를 알 수 있었다는 데 깜짝 놀랄 것이다. 그리고 완전히 이해하게 될 것이다. 왜냐하면 그 아이는 바로 나이기 때문이다.

나아짐의
시작

나를 사랑하자. 나를 이해하자. 나를 수용하자. 좋은 말인 것은 아는데 작동되지 않는다. 오히려 빤히 보이는 답안에서 소외되어 있다는 사실이 명료해진다. 아무리 배부르다고 상상해도 배고픔이 더 선명해지는 것처럼, 자신을 사랑하자는 말이 때로는 사람을 공허하게 한다. 나를 사랑하자는 텅 빈 구호보다 도저히 스스로를 사랑할 수 없다는 절절한 호소에서 그 사람의 진심이 느껴지기도 한다.

나를 사랑하자는 말은 마치 바닷물을 마셔 갈증을 해소하려는 것과 비슷하다. 갈증이 해소되기는커녕 더욱 심해진다. 애초에 자신을 사랑하지 못하면서 사랑한다고 말하는 것은, 내가 나를 사랑하지 못한다는 사실만 부각시킨다. 화살을 맞은 사람이 연달아 화살을 맞는 격이다. 그래서 내가 나를 사랑하지 못한다는 소감의 굴레에 더욱 깊게 빠져 공허해진다.

새로운 감정

방문을 걸어 잠근 아이의 예시도 마찬가지다. 부모가 아이를 학교에 보내기 위해 여러 가지 시도를 한다. 아이를 사랑하기 때문에 학교에 보내려고 애쓰고, 심지어 학교에 가지 못하는 아이를 어떻게든 이해하고 수용하려고 노력한다. 물론 이해하고 수용하려는 노력도 필요하다. 하지만 그렇게까지 하는데도 열리지 않는 방문을 보며 부모가 아이에게 무력감을 느끼고 분노한다면 아이를 향했던 노력이 이제는 아이를 향한 비수가 된다.

이렇게 보면 해결할 수 없는 미로 같지만, 의외로 해답은 가까이에 있다. 생각에는 그에 대한 소감이 있고, 이 소감을 통해 내가 세상과 나에 대해 어떤 생각을 하고 있는지 닿을 수 있다. 무력감에 고통받는다면, 무기력감 속에 후회한다면, 공허감 속에 텅 빈 자신을 느낀다면 그런 소감 자체에는 아무 문제가 없다. 무력감, 무기력감, 공허감이 일상적이지 않고 고통스러운 감정인 것은 맞지만, 그저 생각에 대한 소감일 뿐이다.

무력감, 무기력감, 공허감을 불러일으키는 생각이 따로 정해져 있지는 않다. 그래서 때로는 세상이나 타인과의 관계에서 무력감이나 무기력감에 시달릴 수도 있다. 세상과 타인에게 배신당했다는 생각에 공허해질 수도 있다. 생각의 대상과 나의 거리가 가까울수록 무력감, 무기력감, 공허감의 세기는 더욱 커진다. 그중에서 나를 가장 무력하고, 무기력하고, 공허하게 할 수 있는 존재가 바로 나이다.

나에게 내가 더할 나위 없이 가까운 존재여서 그렇다. 태어나서 지금까지 함께 해 왔고 앞으로도 평생을 함께 할 존재여서 그렇다. 떼려야 뗄 수 없는 관계이다. 이렇게 가까웠기에 이토록 고통스럽게 할 수도 있었던 것이다.

그래서 무력감, 무기력감 속에서 한껏 괴로움에 빠져 있는 그 순간, 이런 자신이 답답하고 싫어지면서 모든 것이 짜증나는 바로 그 순간, 이 감정에서 당장 도망치고 싶은 그 순간에 비로소 나를 향한 날 것의 소감과 만날 수 있다. 그리고 그 소감의 끝에는 나를 향한 나의 시선이 있다. 바로 나와 나 자신의 관계이다. 그 시선에 눈을 맞추면, 내가 나를 어떻게 생각하는지 누구나 곧장 알아차릴 수 있다.

그렇게 나와 만나고 나와 나의 관계를 볼 수 있다. 그러면서 알게 된다. 나를 이토록 무력하게, 무기력하게, 공허하게 할 수 있었던 이유는 그 원인이 바로 나였기 때문이다. 이 사실을 알게 되면

서 흩어져 있는 감정들이 서로 연결된다. 이 과정에서 자연스럽게
새로운 감정이 생겨난다.

미안함과
고마움

흩어진 감정들이 연결되는 것을 볼 때 내 안에서 자연스럽게 솟아오르는 소감이 있다. 분열된 감정의 도가니 속에서 힘든 시간을 버틴 나를 보면서 떠오르는 감정, 미안함이다.

주호 씨의 사례를 생각해 보자. 무력하고 공허한 순간은 가장 견디기 힘든 순간이다. 무가치함 속으로 빨려들어 가 사라질 것 같은 느낌에서 도망쳐야 하는데 미안해한다니, 말이 안 되는 것 같다. 더구나 나를 향한 분노가 걷잡을 수 없어지며 당장이라도 나를 해치고 싶은 순간에 사과해야 한다니 이상하다. 하지만 이 순간이야말로 내 존재에 대해 내가 어떻게 느끼고 있는지 나의 소감이 생생하게 드러나는 순간이다. 내가 나와 어떻게 관계 맺는지

적나라하게 실체가 드러나는 순간이다.

　당연히 말처럼 쉽지 않다. 공허감에 휩쓸리며 모든 것이 망해도 상관없다고 생각하는 그 순간이 가장 사과해야 하는 때라는 사실을 논리적으로 이해하고 동의해도 거부감이 생긴다. 해묵은 감정의 문제는 논리나 이성으로 쉽게 설득할 수 없다. 애초에 논리적이고 이성적인 문제가 아니라 감정적인 문제였기 때문에 해결이 어려웠던 것이다.

　나에게 미안해한다는 것은 원수에게 사과하는 것처럼 고통스러운 일이다. 하지만 내가 나를 미워한다는 것은, 가장 가까운 사람에게 미움받는다는 고통에 온전히 노출되는 일이기도 하다. 내가 나에게 진실로 실망한다는 것은 동시에 가장 가까운 사람을 실망시켰다는 괴로움을 겪는 일이기도 하다. 물론 내가 나를 싫어할 수 있고 부족하거나 못났다고 생각할 수도 있다. 그러면서 이를 부정할 수 없는 사실이라고 생각할 수도 있다. 하지만 그 결과 가장 가까웠던 존재에게 싫어한다는 말을 듣는 심정, 부족하고 못났다는 비난을 받는 소감만큼은 피할 수 없다. 내가 나를 싫어하는 합당한 이유가 있든 없든 간에, 그 결과는 나 자신에게서 미움받는 느낌이다. '나를 미워한다'와 '나에게 미움을 받는다'는 애초에 같은 것이기 때문이다.

문이 열리는 순간

그렇기 때문에 내가 나를 미워하는 그 순간만이 내가 나를 미워하는 것을 진심으로 미안해할 수 있는 유일한 때이다. 문이 열려서 들어갈 수 있는 순간이다. 어떻게 나에게 미안해할 수 있을까? 사실 전혀 힘들지도 어렵지도 않다. 왜냐하면 억지로 노력하는 미안함이 아니기 때문이다. 미안하려고 노력하는 것이야말로 두 번째 화살의 굴레에 갇히는 일이다. 억지로 하면 공허해진다. 이때의 공허함은 나의 미안함이 사실은 비어 있음을 알고 있는 내 존재의 솔직한 소감이다. 그러니까 미안해해야 하는 것이 아니다. 미안함이라는 감정이 내 안에서 발견되고 느끼는 것이다. 그게 전부이다.

미안함은 전혀 어렵지 않다. 무력감, 무기력감, 공허감을 느끼는 것이 어려운 일이 아닌 것처럼 미안함 역시 내 존재의 솔직한 소감이다. 정작 어려운 것은 미안해하는 것이 아니라 무력감, 무기력감, 공허감을 느끼는 순간 나를 향해 일어나는 감정과 생각에 습관적으로 반응하지 않는 것이다. 생각과 감정에 평상시처럼 끌려 가지 않으며 그 움직임을 있는 그대로 본다는 것은 정말로 어렵다.

무력감, 무기력감, 공허감은 정말로 거대해서 이 감정들 앞에 서면 누구나 고요하기 힘들다. 무력감은 싸우느냐 도망치느냐의 위기를 재현하며 공황감을 불러온다. 공황감에 시달리며 꼼짝도 못 하는 자신을 느낄 때, 견디기 힘든 무기력감이 휘몰아친다. 무력감과 무기력감에 오랫동안 고통받는 자신에게 느끼는 수치와 분노는 공허감이라는 소감이 되어 가슴을 찌른다. 이렇게 삶에 무력한 자신을 보는 것이 너무 힘들어서 습관적으로 마취를 찾는다.

이 감정들을 직시하고 습관적으로 반응하지 않는 것은 정말 쉬운 일이 아니다. 하지만 그럴 만한 가치가 있다. 이 어려운 직시의 끝에서 나에게 미안함이라는 소감이 떠오르는 것은 전혀 어렵지 않기 때문이다.

나를 사랑하자는 말은,

마치 바닷물을 마셔

갈증을 해소하려는 것과 비슷하다.

나를 지키는
용기

그렇기 때문에 용기를 내야 한다. 이런 고통을 겪어 온 자신을 위해, 나 자신을 지키기 위한 용기를 내야 한다. 나의 고통은 나뿐만 아니라 내가 사랑하는 사람과도 연결되어 있기에, 그들을 위해서 용기를 내야 한다. 분열되어 있는 나의 생각과 감정을 연결해야 한다. 이를테면 내가 나를 미워하는 그 순간, 나를 향한 미움의 감정과 나에게 미움을 받는 감정이 하나임을 연결해야 한다. 그러면서 이 생각과 감정들의 연결을 그저 고요히 지켜보면 된다. 이것이 전부이다. 이렇게 오가는 생각과 감정을 지켜보면서 미안함이라는 소감은 자연스럽게 떠오른다. 결과에 대한 얄팍한 기대에서 미안해하는 것이 아니다. 나조차 나를 조건적으로 바라보며 못

난 나를 미워하고 싫어한 것을 알게 되며 떠오르는 소감으로서 미안함이다.

미안함의 끝에서

트라우마 속에서 트라우마를 떨쳐 내려는 시도는 결국 트라우마의 순환을 끊임없이 움직이게 한다. 나를 세상과 타인과 비교한 끝에 실패자라고 결론 내리면, 그 존재의 종착지는 무가치함과 공허함일 수도 있다. 하지만 나의 마음은 그런 순간조차도 묵묵하게 나를 살리려 애쓴다. '왜 의미 없이 살고 있을까' 하며 투덜거리는 그 순간에도 내 마음은 묵묵히 삶을 이어 나가려 애쓴다. 의미 없는 삶이라 죽어도 상관없다고 생각하는 그 순간에도 내 마음은 나에게 버림받은 나를 살리겠다고 다짐한다.

그래서 나를 향한 미안함은 거기서 끝나지 않는다. 새로운 감정이 발견된다. 나를 수단이 아니라 온전한 존재로 여기기 시작하면 실패와 성공의 틀로 나를 규정하지 않게 되고, 여기서 다시 새로운 생각과 감정이 올라온다. 나를 향한 내 시선과 내가 느끼는 감정이 하나로 통합될수록 미안함에 이어 새로운 감정이 자연스럽게 생긴다. 고마움이다. 나조차 나를 비교하고 평가하는데, 평가하지도 비교하지도 않으며 한결같이 나를 살리려는 나에 대해 고마운 마음이 올라온다. 강아지처럼 한결같은 나의 마음에 고마움이 샘솟는다. 조건 없는 사랑이다. 못났든 잘났든 나에게 온전히 열려 있는 마음이다.

이제 무력감, 무기력감, 공허감의 순환이 반대로 돌기 시작한다. 미안함과 고마움의 끝에는 새로운 충만한 감정이 있다. 실패한 나도 따뜻하게 감싸는 그 순간, 어떤 상황에 처하더라도 내가 나에게 사랑받는다는 느낌, 존중받는다는 느낌이 새로이 자리한다.

나를 사랑하면 사랑받는 느낌이 들고, 나를 미워하면 미움받는 느낌이 든다. 사랑받을 만해서 사랑받고, 미움받을 만해서 미움받는다는 황금률은 내면에서는 다른 의미로 작동한다. 공허감은 나에 대한 의미와 존중을 잃었을 때의 소감이다. 그래서 공허감은 깊은 상실감이며 고통이지만, 잘못된 감정은 아니다. 공허감은 가장 가까운 사람에게 완전히 실패해서 돌이킬 수 없다는 차가운 평가를 받았을 때의 솔직한 느낌이다. 존중감이 있어야 할 자리가 비어 있는 것에 대한 당연한 소감이다. 그래서 다시 내가 내 삶의 주인이 될 때, 응당 있어야 할 감정이 올라온다. 충만함이다. 벽이 허물어지고 연결된 자리에는 충만함이 올라온다. 아무것도 변한 것이 없지만 모든 것이 변한다.

나는 더 이상
혼자가 아니다

테슬라의 창업주 일론 머스크는 파란만장한 어린 시절을 보냈다. 남아프리카공화국에서 자란 그는 엉뚱한 모습으로 어릴 때부터 따돌림을 받았고 심지어 고등학교 시절에는 급우들에게 집단 폭행을 당해 의식을 잃고 병원에 입원하기도 했다. 미국으로 유학하여 대학 생활을 하던 머스크는 자신의 비전을 실현하기 위해 사업을 하고 싶었다. 실제로 자신도 있었다고 한다. 하지만 세상에 사업이 반드시 성공한다는 보장은 없다. 어린 시절 트라우마가 있는 머스크에게 실패는 지나칠 정도로 두려운 일이었을 것이다. 사업을 하고 싶지만 실패의 고통이 두려운 머스크는 자신을 대상으로 일 달러 프로젝트라는 실험을 해 본다.

머스크가 상상한 최악의 상황은 사업에 파산하여 정부 보조금이나 받으며 남은 일생을 보내는 것이었다. 머스크는 미리 그 상황을 체험하기 위해 하루에 일 달러로 자신이 살 수 있는지 직접 확인해 보았다. 패스트푸드로 끼니를 때우고 하루 종일 게임만 하면서 보내니 한 달에 삼십 달러 아래로 살 수 있었다. 그리고 머스크는 이 생활도 나름 나쁘지 않다는 생각을 했다고 한다. 하지만 여행자에게 여행의 고난은 즐거운 추억이기도 하다. 머스크도 겨우 한 달의 경험만으로 자신이 이런 생활에 평생 만족할지 자신이 없었다. 그래서 다시 반년을 보낸 뒤에야 머스크는 인정할 수 있었다. '나는 한 달에 삼십 달러로도 충분히 만족하고 즐겁게 살 수 있는 사람이구나.'

이제 머스크에게 실패의 두려움은 줄어들었다. 물론 사업에 성공하는 것이 최선이지만 설령 실패하더라도 남은 인생을 나름 즐겁게 보내리라 확신할 수 있었다. 머스크에게 사업의 실패는 있을 수 있지만 인생의 실패는 없어졌다. 실패의 두려움이 줄어들며 머스크의 결정은 과감해졌다. 설령 사업에 실패하더라도 방에서 패스트푸드를 먹으며 즐겁게 지내면 된다. 되면 좋지만 안 되도 괜찮다. 인생에 실패가 없어진 머스크는 주춤하지 않고 더 나아 보이는 미래를 향해 나아갔다.

성공에 절실하지 않으면 성공할 수 없는 것이 아닌가 생각할 수 있다. 실패해도 괜찮다는 나태한 생각으로 경쟁이 치열한 세상에서 도태되지 않을지 의심이 들 수도 있다. 실패의 두려움을 마음에 새겨 나태해지지 않는 것이야말로 중요하다고 생각할 수도 있다. 하지만 머스크의 사례는 실패해도 괜찮다는 다소 한가한 생각도 그리 무능하지 않음을 보여 준다. 인생의 실패에서 안전해진 머스크는 자유롭게 살아간다. 진심으로 사업에 실패해도 괜찮기 때문이다.

나의 경우 예전부터 무언가 가치 있는 일을 하고 싶었다. 내가 의미 있다는 것을 증명해야 한다는 강박이 있었다. 그중에는 이렇게 책을 쓰는 것도 있었다. 하지만 이해할 수 없을 정도로 책을 쓸 수 없었다. 아이디어도 있었고 전달하고 싶은 말도 있지만 도무지 글이 쓰이지 않았다. 그냥 쓰기만 하면 되는데 알 수 없는 이유로 시작할 수 없었다. 사실 나는 두려웠다. 책이 누군가에게 도움이 되는지는 부차적인 문제였고 혹시 비난받을지도 모른다는 두려움이 나에게 있었다. 나의 생각이 어리석다는 평가를 받고 나 자신을 가치 없게 느끼는 순간에 대한 두려움이 있었다. 굳이 그럴 일이 없다는 것을 알았지만 두려움은 항상 있었다. 정신과 의사로 사람들을 도우면 사는 것에서 그런 대로 느끼던 보람과 가치감이 한순간에 무너지지 않을까 무서웠던 것이다.

그래도 우울한 누군가를 돕고 싶었다. 당신의 마음은 이런 것이라고, 스스로를 이상하게 생각하면 안 된다고 말하고 싶었다. 그래서 한때는 그런 나의 두려움을 극복하는 것이 중요하다고 생각했고 결연한 의지로 두려움을 녹여야 한다고 생각했다. 그런데 어느 순간부터 글을 쓰는 것이 고통스럽지 않았다. 내가 두려움을 극복하고 용기가 생겨서 그런 것은 아니다. 기꺼이 글을 쓸 수 있게 된 것은 설령 책이 안 팔리고 망하더라도, 다른 사람에게 바보 같다고 욕을 먹더라도 괜찮다는 생각이 들었기 때문이다.

나의 내면이 단단해지고 의연해져서 그런 것이 아니다. 다만 이제는 실패하여 속상하고 실망하는 순간에도 더 이상 나에게 차갑지 않은, 따뜻한 나를 만나리라는 확신이 생겼기 때문이다. 그러니까 실패한 그 자리조차 그렇게까지 외롭고 쓸쓸한 자리가 아니라는 것을 알게 되었기 때문이다. 지금이나 예전이나 나는 여전히 쉽게 상처받고 실망에 예민하고 그다지 마음이 넓지도, 단단하지도 않은 보통의 사람이다. 그럼에도 이제는 가장 속상하고 슬플 때, 더 이상 할 수 없는 것이 없다고 무력할 때 나에게 그동안 수고했다고 이야기해 줄 따뜻한 내가 있다는 것을, 내가 나에게 내미는 따뜻한 손이 있다는 것을 알게 되었다. 사실 달라진 것은 아무것도 없다. 따뜻한 내가 나와 함께 하고 있었다는 것을 그동안 알지 못했을 뿐이니까.

나의 이야기를 읽는 독자의 마음 또한 따뜻해졌으면 좋겠다. 그럴 수 있을 것이다. 당신의 마음도 항상 당신에게 따뜻하기 때문이다. 마지막으로 이 책은 권순범 편집자님 덕분에 완성될 수 있었다. 사실 지금은 책을 쓰든 안 쓰든 더 이상 혼란스럽지도 괴롭지도 않다. 그래서 책을 써도 좋고 쓰지 못하더라도 괜찮다. 하지만 편집자님 덕분에 여기까지 올 수 있었다. 편집자님께 감사드린다.

이 책을 쓰기까지

어린 시절

유아기를 대전에서 보낸 나는 집 사정으로 갑작스럽게 낯선 경기도의 초등학교에 입학했다. 초등학교 입학식 날의 사건은 지금도 눈에 선하다. 처음 만난 친구에게 인사를 건넸는데 그 아이가 대뜸 "너 바보지."라고 말하여 몹시 당황했던 기억이다. 그날부터였다. 바보라고 놀림을 받으며 여러 아이들에게 둘러싸여 맞는 것이 일상이 되었다. 나에게는 불행한 일이었지만 당시 같은 반 아이들에게는 재미있는 놀이 같은 것이었다.

지금 와서 생각해 보면 갑자기 나타나 낯선 사투리를 쓰는 외지인이어서 어린 친구들 사이에서 표적이 되었던 것은 아닐까 싶다. 하지만 사투리 때문이었을 것이라는 추측은 어른이 된 후 한참 지나서야 하게 된 짐작이다. 내 인생의 초반을 결정했던 초등학교 첫날의 이 이상한 광경은 사실 나에게는 오랜 기간 수수께끼였다. 대전에서 또래와 즐거웠던 유년 시절과 초등학교 입학 이후의 갑작스런 냉대와 추락은 빛과 그림자처럼 대비되었다. 어느 쪽이 진짜 나인지 오랫동안 혼란스러웠다.

초등학교 저학년까지는 외톨이처럼 지냈다. 반 아이들이 놀이에 끼워 주지 않아도 애써 아무렇지 않은 척했다. 매일같이 집단에 둘러싸여 두들겨 맞아도 지고 싶지 않아 울지 않겠다고 다짐하기도 했다. 하지만 속절없이 시간만 흘렀다. 나중에는 울면 때리는 것이 멈출까 싶어 일부러 더 울며 빌어보기도 했다. 상황은 비슷했다. 크게 다를 바 없이 몇 년이 지나갔다.

가정 형편은 어려웠다. 아버지는 부재했고 어머니의 삶은 고단했다. 괴롭힘에 대해 이야기해도 어머니 역시 딱히 수단이 없었을 것이다. 그 때문인지는 몰라도 어느 순간부터 나는 마음속 어려움을 아무에게도 털어 놓지 않았다. 누구에게도 짐이 되고 싶지 않았던 것이다.

초등학교 내내 학교 공식 '바보'로 불렸지만 아이러니하게도 따돌림 덕분에 오히려 책과 공상에 빠져 과몰입하는 것이 공부에 도움이 되었던 것 같다. 다만 조절되지 않는 과몰입이었다. 친구들

사이에서 바보라고 불릴 만한 요소도 있었다. 수업 시간에 창밖을 보며 공상에 빠지다가 갑자기 돌아다닐 때도 있었다. 책상에 앉아서도 집중하지 못했고 잠시도 가만있지 못했다. 충동적으로 소화전 버튼을 누르기도 하는 등 사고 치기도 다반사였다. 시험은 잘 봤지만 수업 태도는 좋지 않고 준비물이나 숙제를 두고 오기 일쑤였다.

고학년이 되어도 오른손 왼손을 구별하지 못했고 손기술이 서툴러 신발 끈도 잘 못 묶었다. 나이답지 않게 서투른 영역에 대해서는 스스로 바보 같아 보인다고 생각하며 창피해했다. 다른 사람에게 바보로 취급받는 상황이 나에게 발작 버튼이었다. 바보처럼 보인 것 같을 때면 머리가 하얘지고 몸이 굳었다. 하지만 당황해서 어쩔 줄 몰라 하는 순간이야말로 바보 같다고 생각하여 내가가장 싫어하는 모습이었다. 현직 정신과 의사의 입장에서 보자면 활자에 대한 과몰입을 보이는 복합형의 ADHD(주의력결핍 과잉행동장애) 아동이었지만 당시에는 이런 사실을 잘 몰랐다.

ADHD에 대하여 알게 된 것은 1990년 초 무렵이었다. 당시에는 그런 병이 있다는 것을 아는 사람이 주위에 없었다. 그즈음 하루에 몇 시간씩 신문을 읽고는 했는데 초등학교 5학년 무렵 ADHD 아동을 다룬 특집 기사를 보며 내가 모든 항목이 해당되는 것을 알고 깜짝 놀랐다. 어린 마음에 큰일 났구나 싶으면서 한편으로는 이 사실을 숨겨야 한다고 생각했다. 다른 누군가가 내가 ADHD라는 사실을 알게 될까 봐 불안했다. 이야기를 해 보았자 별 소용이 없고 오히려 상황은 더 나빠질 뿐이라는 경험이 마음에 새겨져 있었던 것 같다. 지금 생각해 보면 ADHD나 바보나 둘 다 내가 어찌할 수 없는 수치스러운 낙인으로 여겼던 것 같다. 어떻게 해서라도 가리고 싶은 흉터같이 느껴져 남들의 눈에 보일까 수치스러웠던 것이다.

점차 학년이 올라가며 사투리도 없어지고 친한 친구도 하나둘 생겼다. 한 명 한 명 싸우면서 싸움 서열도 밑바닥에서 조금씩 올라갔다. 초등학교 고학년 무렵에는 더 이상 심한 괴롭힘은 없었다. 심하게 괴롭히던 아이들만큼은 확실히 이겼다. 다만 여전히 바보라는 별명은 초등학교 내내 지속되었고 전학 오는 친구들에게 바보라고 소개될 때는 쥐구멍에 들어가고 싶을 만큼 창피했다. '내가 조금 더 싸움을 잘했다면 아무도 나를 이렇게 부르지 못할 텐데.'라고 생각했다. 하지만 싸움 서열은 중상위권 정도에서 정체됐다.

독서광이어서 그랬을까? 학년이 올라갈수록 시험은 점점 잘 보았다. 고등학교 무렵에는 확실히 시험에 소질이 있다는 것을 알게 되었다. 여전히 수업 시간에는 산만하고 시험마다 벼락치기로 보기 일쑤였지만 수능 시험은 체질에 맞았다. 1997년 서울대 동양사학과에 진학했는데 당시 하늘을 날 것 같은 기분이었다.

하지만 입학을 하며 처음의 부푼 기대와는 달리 사람들과 잘 어울리는 편은 못 되었다. 동기와 선배들은 다 좋았고 친해지고 싶었지만 늘 긴장되고 어색함이 흘렀다. 단순히 숫기가 없다기보다는 긴장이 긴장을 부르는 악순환의 고리에 단단히 잡혀 있는 상황이었다. 별것 아닌 일에도 머리가 하얘지며 굳어지기 일쑤였는데 이런 모습을 남에게 보인다는 사실이야말로 나의 머리를 정말 하얗게 만드는 일이었다.

다만 술을 마실 때는 달랐다. 술자리에서는 자신감이 넘치고 말이 술술 나왔다. 그래서였는지 낮에 학교는 가지 않고 밤마다 술자리를 찾아다녔다. 술자리에서는 호인이었다. 술 잘 먹는 후배였고 술 잘 사 주는 선배이기도 했다. 반대로 생활과 학점은 엉망이었다.

다시 그 시절로

인생에서 가장 힘든 시기는 군대였다. '이제 정신 차리고 살아 보자.'라는 생각에 입대했는데 일머리가 없고 서툴러 군 생활에 어려움이 많았다. 실수를 만발하며 놓치거나 빼 먹는 것투성이였다. 심지어 오른쪽 왼쪽도 구별을 못 해 제식 훈련도 제대로 소화하지 못했다. 군대에서는 아무리 열심히 해도 서투르고 모자란 표가 났다. 그동안은 공부를 잘하는 것으로 위장되어 왔던 ADHD

증상이 군대에서는 백일하에 드러났다. 선임들로부터 서울대 다니는 게 맞냐며 조롱을 받고 바보 취급을 받기도 했다. 사회에서는 머리가 하얘질 때면 한동안 혼자 쉬면 괜찮아졌었다. 상황을 분석하고 정리하며 차분해진 일상의 나로 돌아올 수 있었다. 하지만 군대에서 머리가 하얘질 때는 바보 같아 보인다는 질타를 들어도 피할 수 있는 곳이 없었다.

그러면서 차츰 우울하고 무기력해졌다. 초등학교 1학년부터 중학교 때까지 오랜 기간 이어졌던 바보 취급은 나에게 아킬레스건 같은 것이었다. 반대로 고등학교 이후로 아무도 나를 바보로 보지 않는다는 것을 반복 확인한 것은 나에게 큰 안정감을 주었다. 초등학교 입학식부터 시작된 비운을 마침내 극복했다고 생각했다. 초등학교 때에는 내가 바보로 태어난 것이라면 굳이 살 가치가 없다고 생각할 정도로 이 문제에 심각했었다. 그런데 군대에서 경험은 나를 넘어지게 했다. '아무리 애를 써도 결국은 제자리구나.'라는 생각 속에 틀어박혔다. 삶에 대한 자신감이 바닥을 쳤고 이때부터는 특별한 이유 없이도 우울하고 무기력해지고는 했다.

변명할 수 없는 나의 실수들로 다시 바보 취급을 받게 되면서부터 무언가 나를 지탱하는 끈이 끊어지는 것 같았다. 높은 곳에서 사정없이 내동댕이쳐진 기분이었다. 훗날 생각해 보면 이때 나는 정말 나 자신에게 실망하고 화가 났던 것이다.

우울하고 힘들었지만 그래도 성인이 되어 가며 차츰 상처를 보듣고 개방적인 사람이 되어 가고 있다고 생각했다. 그러나 이때만큼은 햇빛에 노출된 달팽이처럼 움츠러들었다. 마치 아무렇지도 않으려고 태연한 척 애쓰는 초등학교 저학년 시절의 나로 돌아간 것 같았다. 어른스럽지 못한 대처였다. 하지만 누구에게 어떻게 이야기해야 하는지 알 수 없었고 힘들어하는 것이 드러나면 그때는 정말 큰일이 날 것만 같았다. '바보'라는 낙인이 뚜렷해져서 이제는 감추기 힘들다고 생각했다. 얼굴은 무표정했지만 가슴에는 커다란 돌덩이가 숨구멍을 막는 것 같았고, 고통스러울 때면 급히 혼자 쉴 곳을 찾았다. 초등학교 저학년 시절에도 학교 창고에 숨어 있는 그 시간은 불안하면서도 평화로웠다. 군대에서 선임이 되고 고참이 되었지만 나는 오히려 은둔하듯이 지냈다. 시간은 멈춘 듯했지만 그래도 결국 제대하는 날이 오기는 했다.

복학했지만 여전히 우울하고 자신감은 떨어졌다. 학점은 2점대에 영어도 준비가 안 된 인문대 대학생은 아무리 서울대라도 취업이 안 될 것 같았다. 설사 취업이 되더라도 군대 생활을 경험한 뒤로는 사회가 너무 두렵게 느껴졌다. 무언가 비빌 언덕이 있어야할 것 같은 불안감에 사법고시를 준비했다. 하지만 무기력했고 온종일 배달음식을 먹으며 게임만 했다. 아무도 만나지 않고 밤에는 술만 마셨다. 경제 상황상 과외를 여러 개 해야 했는데 덕분에 고등학교 이과까지 공부하며 학생을 가르친 것이 그나마 생산적인 일이었다.

과외마저 그만두고 본격적으로 고시 준비를 시작하면서는 생활이 한층 더 엉망진창이 되었다. 하루 종일 아무 생각 없이 게임만 하다가 자려고 누울 때면 이번 생은 망한 것 같다는 생각이 반복하여 들었고 가슴이 뭉치듯 조여 와서 숨이 답답해지기 일쑤였다.

작은 우연

도저히 사법 시험은 가망이 없었다. 1년 동안 준비하며 공부한 날이 손에 꼽을 정도였다. 하지만 다시 취업을 하자니 역시 자신이 없었다. 설령 취업을 하더라도 적응을 못 할 것 같아 두려웠다. 과외 아르바이트 덕분에 수능은 그럭저럭 준비가 되어 있으니 다시 수능이나 보자는 생각이 들었다. 고등학교 3학년 때도 한의대를 지원했었다. 당시에는 대학교 배치표를 보면서 '잘하면 수석 입학도 되겠다.'라는 순진한 기대를 했고 가정 형편상 6년 장학금이 절실했는데 결과는 단순 합격이었다. 실망하기도 했고 지방이기도 해서 합격증조차 찾으러 가지 않았던 기억이 떠올랐다. 과외를 몇 년 하며 오히려 학창 시절보다 시험을 잘 볼 것 같았고 심지어 이과 수능도 도전해 볼 만한 상황이었다. '한의대 정도라면 쉽게 갈 수 있겠지.'라는 막연한 생각에 다시 희망이 생겼다. 수능을 준비하기로 했다.

하지만 이후 돌아가는 사정을 알아보니 생각과 달라져 있었다. 그동안 세상이 바뀌어 있었다. 불과 몇 년 사이에 한의대의 커트라인이 너무 높아져 있었다. '나만 이런 생각을 하는 것이 아니구나.'라는 생각도 들었고 현역일 때 한의대에 진학하지 않은 것을 땅을 치며 후회했다. 이제는 망했고 어차피 해도 안 될 것 같다는 생각에 휩싸였다. 당시에 나는 이런 식으로 매사에 쉽게 좌절하고 금방 무기력해졌다. 안 될 것 같은 느낌에 시달리며 불안해하고 더욱 무기력해지는 악순환이었다.

하루 종일 동굴같이 깜깜한 방에 누워 있다가 벌컥 일어나 소주한 병을 챙겨 한강에 갔다. 어느 날 밤의 일이었다. 혼자 한강의 밤물결을 한참 바라봤다. 소주를 병째 들이키며 '마지막 기회다.'라고 다짐했던 기억이 떠오른다. 그래서 겨우 시작할 마음이 들었다. 다행히 시험 운이 좋았다. 그동안 희망했던 한의대가 아니라 정신과 의사가 되고 싶어졌고 의과대학에 진학했다.

의과대학에서는 무난히 잘 지냈다. 하지만 때때로 갑자기 심하게 우울해지는 증상이 이유도 없이 나타나기 시작했다. 길을 가다가도 갑자기 숨을 쉬기 힘들어 쉬어야 할 때도 있었고 하루 종일 마비된 것처럼 누워서 지내기도 했다. 다만 학교의 커리큘럼이 고시 공부처럼 장기간 경주가 아니라 한 주일 단위로 한 과목이 끝나며 기말고사를 보는 단거리 체제여서 벼락치기에 능한 나로서는 다행인 상황이었다. 때때로 우울하고 무기력해지기는 했어도 벼락치기 덕분에 성적은 상위권 정도를 유지했다. 지금 와서 보면 두 번 정도의 우울증 에피소드가 있었던 것으로 짐작하나 다행히 무사히 졸업했다.

너무 이질적이면서 생생한

사실 이때까지 이런저런 어려움이 있었지만 그 누구에게도 치료나 상담을 받지는 않았다. 평상시에는 특별한 문제가 없었다. 멀쩡하게 잘 지내다가 갑자기 이유 없이 마음의 고통에 시달렸다. 다시 회복하는 순간도 예측할 수 없이 찾아왔다. 이 느낌이나 고통을 적절히 표현할 단어도 찾기 힘들었다. '우울하다' '슬프다' '무겁다' 같은 말로 설명하기에 이 증상들은 너무 이질적이면서도 또한 생생했다. 표현할 수 없는 증상이 알 수 없는 이유로 왔다가 이해할 수 없는 이유로 지나갔다. 이에 대해 다른 사람에게 무엇을 어디서부터 설명해야 할지 알 수가 없었다.

다른 한편으로 나의 마음의 고통은 오로지 나만의 비밀이었다. 나체가 되는 것보다 내 마음의 상태가 드러나는 것이 더 수치스럽게 느껴졌다. 나조차 싫어하는 흉터를 다른 사람에게 드러낼 엄두가 나지 않았다. 하지만 한편으로는 묻어 두기에는 해결이 절실했다. 이 세상이 살 수 있는 곳인지 확인하고 싶었다. 그런 관점에서 보자면 정신과 의사가 되기로 한 것은 자가 치유의 과정이기도 했다.

이렇게 나는 나를 드러내는 것에 유독 취약했다. 수치스러움으로 꽁꽁 싸매져 있었고 그 답답함을 풀고 싶었다. 하지만 누군가가 가까이 오는 것은 두려웠다. 그러면서도 한없이 외로웠다. 모순이었다. 하지만 당시 나에게는 모순으로 느껴졌던 것이 아니다. 그저 이러지도 저러지도 못하는 답답한 괴로움으로 여겨졌다. 사람의 온기가 그리웠지만 누군가와 가까워지는 것이 편하지만은 않았다. 이러지도 저러지도 못하면서 그 틈 사이에 멈춰 있으려 힘을 주었다. 힘을 빼면 넘어질 것 같아 두려웠다. 하지만 아무것도 하지 못하는 주제에 겨우겨우 현실의 외곽을 서성이며 삶에 뛰어들지 못하는 나에게 답답하고 화가 났다.

대신 간접 경험으로 명상, 정신 건강에 대한 책을 읽고 또 읽었다. 도대체 나에게 무슨 일이 생긴 것인지 알고 싶었다. 덕분에 많은 책을 알게 되었고 여러 책이 나에게 깊은 감명을 주었지만 그만큼 실망도 컸다. 책이 문제가 아니라 내가 문제였다. 많은 책을 읽어가면서 '나는 다른 사람과 달리 구제 불능'이라는 생각이 점차 커졌다. 어떤 책이든 머리로는 명료하게 이해되는데 실제의 나에게는 적용되지 않았다. 반복하여 시도해도 이상한 무기력과 우울감은 없어지지 않았다. '다른 사람들과는 달리 내게는 무언가 본질적으로 결핍되어 있는 것은 아닐까.' 하는 생각마저 들었다. 글러먹은 삶으로 느껴졌고 갱생의 여지가 없어 보였다. 그래서 책을 읽어 가는 과정은 고통스러웠고 나에게 실망하는 과정이기도 했다.

결국 많은 책을 보면서 한편으로는 더욱 우울하고 무력해졌다. 인생의 해법과 지혜를 담은 책들에게마저 소외받는 느낌이었다. 누구에게나 공평하게 닿는 햇살이 나에게만큼은 닿지 않았다. 지독하게 외로운 느낌이었다.

다만 남들이 볼 때는 그럭저럭 멀쩡해 보였을 것이라고 생각한다. 다행히 현실 상황 자체는 별 문제없이 순조롭게 흘러갔다. 스스로도 그렇게 생각했다. 그래서 그 괴리가 더욱 괴로웠다. 무엇을 해결해야 할지 알 수가 없었다. 딱히 우울해할 이유도 없는데 한순간에 쿵하며 감정이 추락했다. 출구 없는 방에 갇힌 것 같았다. 스스로를 자의식 과잉이라고 여기며 더없이 싫어했다. 무언가 단단히 얽혀 있는 매듭 같았고 그래서 나 자신과 있는 것이 불편했다.

사는 데 일절 도움이 안 되는 이해할 수 없는 열등감이 늘 마음속에 있었다. 적절하지 않은 감정이라고 생각했지만 낙인처럼 새겨져 있는 느낌이었다. 그러다가 이 부적절한 열등감이 들통날 것 같을 때면 형용하기 힘든 괴로움에 시달렸다. 사람들과 적당히 어울리고 무난해 보였지만 마음속으로는 수치스러움이 쉽게 몰려들었다. 무언가 바보 같은 행동을 한 것 같은 날에는 고통스러운 우울감이 밀려 왔다. 아무도 지적하는 사람은 없었지만 마음속은 지적과 비난으로 가득 찼다. 아무도 없는 곳을 찾아서 웅크렸다. 그저 지나가는 것을 기다렸다. 하지만 굳이 이럴 필요가 없다는 것을 분명히 알았기에 더욱 스스로가 싫어졌다.

이성과 감정

이성과 감정은 딴판이었다. 머리로는 어떻게 해야 할지 알겠는데 마음이나 감정은 전혀 다른 이야기를 했다. 이해할 수 없었다. 평상시에 괜찮던 기분도 일순간에 어두워졌다. 별일 아닌 일에 잔잔했던 마음이 수시로 헝클어지곤 했다. 그럴 때면 마음속에 괴로움을 담아둔 채 아무렇지 않은 척했다. 하지만 겉보기의 평화로움과는 달리 나라는 존재가 이렇게 쉽게 수시로 헝클어진다는 사실이 나를 수치스럽게 했다. 열등감에 쉽게 시달리는 나에게 나는 기준에 한참 못 미치는 불량품 같았다.

아무리 별일 아니라고 다독여도, 그저 얼마간의 시간이 지나면 생각도 안 날 사소한 일이라고 합리적으로 설득해도 마음의 상태는 기차처럼 고집스럽게 자신만의 속도로 진행했다. 그런 순간조차 나의 표정은 변화 없이 담담했겠으나 내면에서는 '내 마음이 내 마음대로 되지 않는구나.'라는 고통스러운 자각을 곱씹으며 구경

꾼이 되어 멍하니 쳐다봤다. 자율주행 차에서 의미 없이 운전대를 잡고 있는 느낌이었다. 그렇게 생각하는 그 순간조차도 다른 사람들에게 괜찮은 것처럼 보이는지 스스로 점검했다.

나조차도 이런 나를 이해할 수 없었다. 머리와 마음의 괴리가 컸다. 머리에서 하는 상식적인 호소가 마음에는 닿지 않았다. 나는 나를 이해할 수 없었고 이해되지 않는 나를 싫어했다. 나에게 화가 났다. 하지만 당시에는 이 상황을 전혀 다른 방식으로 이해했다. 내가 나를 이해할 수 없어서 싫어했다기보다는 아무도 나를 이해할 수 없고 나를 깊이 알게 되면 누구든 나를 싫어할 것이라고 생각하며 두려워했다. 타인은 그래서 나에게 그리움이면서 두려움이었다. 이 양가적인 감정 사이에서 다가가지도 멀어지지도 못하고 우두커니 서 있는 내 모습은 쓸모없는 바보처럼 여겨졌다. 하지만 그것은 실제 세상의 시선이 아니었다. 세상의 시선이라고 생각했던 그것이 내가 나를 바라보는 시선인 것을 알게 된 것은 한참 뒤의 일이었다.

하지만 설령 당시로 돌아가 누가 나에게 이런 감정의 상황과 처지를 설명해 줬다고 하더라도 별 차이가 없었을 것이다. 이런 사실을 알게 되며 더욱 머리와 마음의 괴리를 느꼈을 것이고 더 괴로움에 몸부림쳤을 것이다. 논리의 문제가 아니기 때문이다. 그 당시 나는 스스로를 진심으로 미워했었다.

이런 나날들이 이어졌다. 우울증의 후유증이었다. 우울한 내가 나와 제대로 통합되지 못한 상태에서 우울증의 증상이 회복되며 반대로 무력감은 더욱 깊어졌다. 상처가 회복과 손상이 반복되며 크게 흉터가 생기는 것과 비슷한 상황이었다. 그 당시에는 다들 이런 내적 경험을 하지만 나처럼 티를 안 내며 사는 것인지 아니면 유독 나만 이런 상태에 시달리는 것인지 알 수 없었다. 다들 비슷한데 굳이 티를 안 내고 사는 것이라면 유독 나약한 나 자신을 용서할 수 없었다. 반대로 나만 이런 것이라면 무언가 구제할 수 없는 낙인이 나에게 새겨져 있는 것처럼 여겨졌다. 외통수였다. 당시에는 우울할 때마다 이런 절망스런 인식을 곱씹고 곱씹었다.

내가 가장 두려워했던 것은

반복해서 이야기하지만 사실 지금 와서 보자면 그 누구에게도 이해받을 수 없다고 생각한 것은 나의 투사(projection)였다. 그저 내가 나를 보는 시선이었을 뿐이다. 결코 타인의 시선이 아니었다. 나는 단지 나에게 이해받지 못한 것뿐이었다. 하지만 그럴 때마다 나는 세상 아무에게도 이해받지 못한다는 고통과 외로움에 몸부림쳤다.

초등학교 시절 내내 누군가에게 바보 취급을 받는 상황이 반복되어 왔다. 바보라는 말은 나에게 역린이었다. 그런데 어느 순간부터 바보라는 말을 들으면 나는 나에게 화를 냈다. 왜 바보같이 굴어서 이런 말을 듣는 상황까지 오게 했는지 나부터 내가 괘씸해 견딜 수 없었다. 바보라는 말을 듣는 순간 나는 그 말을 한 사람이 아니라 그런 말을 들은 스스로에게 격노했다.

이런 분노를 받는 것은 쉬운 일이 아니다. 그래서 바보라는 말을 듣게 된 원인이 내 잘못이 아니어야 했다. 인생에 재수가 없어서 꼬이다 보니 생긴 문제여야 했다. 하지만 성인이 된 이후 바보 취급을 받는 순간 모든 것이 단숨에 망한 것 같았고 이런 상황을 초래한 자신에게 화가 나 견딜 수 없었다. 마치 좌절한 가장이 가족에게 화풀이하듯이 나는 나를 그렇게 대해 왔다.

아마도 나는 오랜 기간 사람들에게 감정 기복 없는 평온하고 태평한 사람으로 비춰졌을 것 같다. 그런 평가를 많이 들어 왔다. 다들 나를 듬직하고 무던하다고 했다. 다른 사람들의 실수나 심지어 고의에 피해를 봐도 별로 화가 나지 않았다. 실수야 할 수 있고 문제야 해결하면 그만 아닌가. 타인에게는 비교적 관대했다. 오히려 화를 내야 할 때조차 화가 나지 않아 스스로를 의아해하기도 했다. 그리고 나 자신을 고요하고 화가 없는 사람으로 생각했다.

하지만 착각이었다. 나는 남들에게 화를 내는 대신 만만한 나에게 화를 내고 분풀이하고 있었다. 나 자신에게 화가 나 있었다는 것도 많은 시간이 흐른 뒤에야 알게 된 사실이다. 당시에는 이를 다른 방식으로 이해했다. 나는 그저 나라는 존재가 사소한 일에도 쉽게 좌절하고 움츠러드는 무기력한 존재라고 생각했다. 당시에 나는 나의 움츠러듦이 분노의 대상이 되었기 때문에 겪는 감정 경험이라는 것을 몰랐다. 오히려 반대로 사소한 좌절에도 움츠러들어 무력해하는 내 모습은 내가 가장 싫어하고 이해가 가지 않는, 다시 말해 나를 격분케 하는 모습이었다.

그러므로 바보 취급을 받을 때 나는 남에게만 바보 취급을 받은 것이 아니었다. 사실은 남보다 나에게 바보 취급을 받는 것이 고통스러웠다. 나는 늘 나를 바보로 만들 타인이 두렵고 원망스러웠지만 정작 두려워했던 것은 타인이 아니라 바보 취급을 받는 순간 더할 나위 없이 싸늘해지는 나 자신이었다. 가장 힘든 순간 나를 지독하게 외롭고 힘들게 했던 것이 알고 보니 나였다.

나와 같은 사람들

의과대학 졸업 후 정신과에 지원했고, 정신과 전문병원에 일하다 병원을 개원했다. 그렇게 6년이 흘렀다. 많은 일이 있었다. 만성 정신 질환자들을 주로 보던 내가 이 세상에 우울로 고통받는 사람들이 밤하늘의 별처럼 많다는 사실을 알게 되었다. 한 사람 한 사람은 각각의 사연으로 우울했다. 그렇게 몇 년간 밤하늘 별처럼 많은 환자들의 이야기를 듣고 또 들었다.

그러면서 차츰 알게 되었다. 이 세상에는 나와 같은 경험을 한 사람들이 너무 많았다. 나는 나 혼자의 경험이라고 생각했는데 아니었다. 이 세상에는 이런 자신이 혼자라고 생각하는 수많은 혼자들이 있었다. 수많은 사람들의 말 안에 다 내 이야기가 들어 있었다. 나의 경험과 감정이 고스란히 그들의 삶 속에도 있었다. 도저히 이해할 수 없는 당황스러운 신체 감각도 거기 있었고 사전에서조차 찾을 수 없는 형용하기 힘든 이상한 감정도, 한순간에 퓨즈가 나가듯이 이상해지는 마음도 거기 있었다. 성격이라 평생 이렇게 살다 끝날 것이라는 체념도, 어찌하더라도 해결할 수 없다는 무력감도 거기에 있었다. 어떤 환자는 이 오랜 증상에 빛바랠 정도로 시달린 끝에 그저 자판기에서 음료를 찾듯이 내원했고 치료에 대한 그 어떤 기대도 없었지만 그 안에서조차 익숙한 내 감정과 경험이 있었다. 환자들의 이야기였지만 동시에 내 이야기이기도 했다.

사실 이 과정은 대단히 괴로운 과정이었다. 고통스러워하며 '괜히 개원했구나.'라는 후회를 반복했다. 에덴동산을 제 발로 나갔다는 후회가 밀려 왔다. 평생 나를 쫓아 왔던, 한편으로 평생 도망쳐 왔던 마음들이 바로 그 자리에 있었다. 나를 정신과 의사의 길로 인도한 그 감정과 느낌이었다. 다시 그 자리였다. 새삼스레 고통스러웠다.

하지만 한편으로는 그동안 잊고 있었던 결심이 떠올랐다. 정신과 의사가 되기로 한 결심의 측면에서는 마침내 고대하던 그 순간이 온 것이기도 했다. 외면하고 싶지만 더 이상 외면할 수 없었고 도망치고 싶지만 결코 도망치고 싶지 않았다. 결국 다시 직면하는 자리에 서서야 인정했다. 평생의 숙제였고 일생의 과업이었다. 이렇게 될 수밖에 없는 일이라고 생각했다. '힘들어도 어쩔 수 없다, 직면하고 가야 한다.'라고 나를 다독였다. 그렇게 무수한 사람들을 만났고 무수한 나를 만났다.

아이에 대한 분노

다른 문제도 있었다.

이즈음 첫째 아들이 학령기에 올라갔다. 나를 똑 닮은 외모에 하는 행동도 어린 시절 나와 똑같은 아들이었다. 내가 환경 때문이라고 생각했던 것이 사실은 유전이라는 것을 아들을 통해 알게 되었다. 아내도 이런저런 마음고생을 많이 했다. 아이를 키우면서 오히려 남편을 이해하게 되었다고 했다. 아이가 이해되지 않아 찾아 본 ADHD 모임에서 정작 아들이 아니라 남편의 모습을 알게 되었다고 했다. 아내는 나와 살아오면서 당신은 착한데 속을 잘 모르겠고 행동이 때로는 잘 이해가 안 간다고 했는데 이제는 아들을 보며 남편이 조금씩 이해가 된다고 했다.

하지만 나의 경우에는 반대였다. 아이가 초등학교에 입학한 뒤부터는 사소한 이유에도 아이에게 격렬히 화가 날 때가 있었다. 아이의 사소한 반항에도 마치 배신을 당한 조직의 보스처럼 부글부글 화를 내며 철저한 복수를 다짐했다. 유아기의 아이에게는 늘 관대한 편이었는데 아이가 초등학교에 올라간 후로는 아이다운 실수에도 분노가 치솟았다. 격렬한 그 순간에는 마음속으로 '우리 부자 관계도 이제 다 끝이다.'라는 벼랑 끝 같은 생각을 되새기면서 고작 이런 일에 이러고 있는 자신이 이해되지 않았다.

아들에 대해서는 사소한 일에도 감정의 파도가 몰아쳤다. 대단히 차가운 분노감이었다. 아이에게는 표를 내지 않으려 했지만 마음속은 혼란스러웠다. 사랑스러운 아이에게 갑자기 벌컥 화가 나는 스스로가 이해되지 않았다. 감추고 싶었지만 아내의 눈에는 보였던 것 같다. 아내가 어느 날 물어봤다. 당신은 첫째를 정말 좋아하는 것 같은데 갑자기 어느 한순간 차가워질 때도 있는 것 같다고 했다. 별일 아닌데 왜 그러느냐고 했다. 아이에게 화가 날 때면 나는 허겁지겁 도망쳤다. 아이에게 화를 내면 안 된다고 생각했기에 숨을 곳을 찾았다.

사실은 그러면서 나 또한 너무 괴롭고 혼란스러웠다. 별것 아닌 일로 사랑스러운 아이에게 격노감과 배신감을 느낀다는 사실을 도무지 받아들일 수 없었다. 분노는 나에게는 일상적으로 경험되지 않는 감정이었다. 그래서 그전까지 나는 분노가 생기면 그 분노대로 행동해도 정당하다고 생각해 왔다. 내가 분노할 정도면 그 누구라도 분노해야 하는 상황이라고 생각했다. 그래 봤자 별로 분노할 일이 없었다. 분노는 나에게 거세된 감정에 가까웠다. 다른 사람이 실수해도, 나에게 피해를 줘도 화가 나지 않았다. 그랬기에 나는 스스로가 분노할 때 당당히 표현해도 되는 사람이라고 생각했다.

하지만 착각이었다. 아들과 관계에서는 달랐다. 사소한 일에도 분노, 배신감, 차가운 비난이 마음속에 들끓었다. 그럴 때마다 혼란스러워하며 조용히 혼자 방에서 삭였다. 이 분노감을 곱씹으면서도 이런 나를 이해할 수 없어 나에 대한 분노에 떨었다.

이렇게 혼자 꿍해서 방에 숨어 있는 나에게 애교를 부리며 다가온 것은 오히려 아들이었다. 배신감과 분노에 차 극단을 치닫는 마음을 열심히 다독이고 있을 때면 아이가 먼저 와서 애교를 부렸다. 그 순간 또 이상하게 모든 분노가 눈 녹듯이 사라졌고 아이에게 미안하기 그지없었다. 극단적인 변덕이었다. 평온하고 차분한 사람인 줄 알았는데 아니었다. 그동안 보이지 않던 분노의 파도가 아이와 관련해서는 갑자기 몰아치며 나를 흔들었다.

그러면서 어느 날 알게 되었다. 아이를 보는 나의 시선이 바로 내가 스스로를 보는 시선이었다. 내가 나를 보는 것처럼 나는 내 아이를 그렇게 보고 있었다. 그만큼 아이가 나에게 중요한 존재이고 가까운 존재라는 뜻이기도 했다. 초등학교에 올라간 아이에게 갑작스런 감정의 변화를 겪으면서 나는 아이를 통해 내가 나 스스로에 대해 어떻게 느끼고 생각하는지 알게 되었다. 나는 나에게 그다지 좋은 사람은 아니었다.

나는 나 스스로를 안타까워했고, 공감할 때도 많았고, 응원하며 살아왔다고 생각한다. 또 어려운 환경에서 의젓하게 자라 준 스스로를 대견해하기도 했다. 고난에 애틋해했고 성취에는 기뻐했다. 하지만 내 안에 이런 나만 있던 것이 아니었다. 전혀 다른 내가 있었다. 지킬 박사와 하이드처럼 어느 한순간에 돌변하여 더할 나위 없이 냉혹하고 무자비하고 분노에 휩싸이는 것도 나였다. 하이드 씨가 나타날 때면 내면의 나는 위축되고 약해졌다. 약해진 내 모습은 하이드 씨를 더욱 분노하게 만들었다. 악순환이었다.

내가 나를 보는 애증이 아들을 보는 애증으로 도치되었다. 그래서 나는 반드시 이 문제를 해결해야 했다. 항상 도망쳐 왔던 나였다. 나 혼자만의 문제라면 지금까지처럼 묻어 놓고 도망치며 살면 될 일이었다. 하지만 사랑하는 아들을 이렇게 대하는 것은 도저히 도망칠 수도 받아들일 수도 없었다. 막다른 골목이었다.

그래서 아들 덕분에, 병원에 내원한 여러 환자들 덕분에 겨우 문제를 직면하게 되었다. 내 삶의 문제이기도 했고, 내 직업의 문제이기도 했고, 무엇보다도 아들이 연관된 문제였기에 직면하게 되었다. 내 삶의 문제이고 직업의 문제일 때까지는 어찌어찌 묻어 둘 수 있었으나 아들과의 관계까지 다다르고 보니 아무렇지도 않

나를 지키는 용기

은 척 도주하는 것이 특기인 나로서도 도저히 이 문제를 피할 수 없었다.

아들이 나에게는 스승이었다. 조건 없는 사랑을 아들에게 배웠다. 환자들은 나에게 도반(道伴)이자 도우(道友)였다. 누구에게도 내색은 안했지만 나는 환자들과 같은 길을 함께 걸었다. 환자들을 보는 일은 감정적으로 힘들고 지쳤지만, 한편으로는 더 이상 외롭지 않고 수치스러울 것이 없다는 생각도 들었다.

이 책을 쓰기까지

나에게 오랜 화두는 무기력감이었다. 평생을 무기력감 속에서 아슬아슬하다고 느꼈기에 늘 불안했다. 안정을 갈구하는 나에게 무기력감을 극복하는 것은 중요했다. 하지만 어떤 노력이나 시도로도 무기력을 극복할 수 없었다. 그래도 그 과정에서 동적인 무기력의 개념이나 무기력 안에 내재된 무력감에 대해 이해할 수 있었다. 물론 이런 이해와 무관하게 무기력은 여전했다. 난공불락이었다. 그래서 그 어떤 시도로도 무기력이 나와 분리될 수 없다고 생각하며 그 소감에 흠뻑 빠져들었다. 무력감 속에서 어쩔 수 없이 나를 다독이며 지내 왔다. 이 정도면 충분히 했다고, 어쩔 수 없다고 나를 체념시키려고 노력했다.

하지만 환자들을 만나고 아이를 키우며 이 문제를 피할 수 없는 순간이 찾아왔다. 내가 문제를 피해도 문제가 나를 놔주지 않았던 것이다. 막다른 골목에서 무력감에 대해, 무기력한 나에게 공허감을 느끼는 것에 대해 더 이상 눈감을 수 없게 되었다. 직면할 수밖에 없었기에 벽을 만났고, 어쩔 수 없이 벽에 부딪히며 사실은 벽이 없었다는 것을 알게 되었다. 그 과정에서 얻은 앎이 이렇게 책으로 나왔다.

모든 탈출구가 없어지고 궁지에 몰렸기에 오히려 나는 이 문제를 다룰 수 있었다. 내가 터득한 방법이다. 그래서 내가 누군가를 도우려면 그를 더욱 궁지에 내몰고 절벽으로 내몰아야 한다. 하지만 정신과 의사로서 나에게 찾아온 사람을 더 고통스럽게 할 수는 없는 노릇이다. 그것은 도와주는 것이 아니라 해를 끼치는 것이다. 아울러 잠을 못 자서, 우울해서 찾아온 사람에게 문제를 좀 더 근원적으로 다루지 않으면 해결할 수 없다고 이야기하는 것은 생뚱맞다. 이 문제를 다룬다는 것은 한치 앞을 볼 수 없는 깜깜한 밤길을 함께 걷는 것이어서, 깊은 신뢰 관계가 아니라면 시작하지 않는 것이 낫다. 상처를 다루는 의사의 입장에서는 선한 의도가 중요한 것이 아니라 결과가 중요하다.

그래서 책이 이 문제를 다룰 수 있는 좋은 도구라고 생각했다. 꼭 의도한 것은 아니지만 이 책에 탈출구를 막아 버리고 막다른 골목으로 몰아가는 부분이 있는지도 모르겠다. 그래서 책을 읽어

나가며 어떤 독자는 힘들고 궁지에 몰렸을 수도 있겠다. 그럼에도 이 책의 끝에 도달하여 이 글을 읽고 있는 당신에게 경의를 표한다. 어쩌면 우리는 책을 매개로 어두운 밤길을 함께 걸어온 것인지도 모른다. 무의미하지 않다고 생각한다. 내가 느꼈던 것처럼 당신도 자신 안의 따뜻함을 발견하게 되기를 진심으로 바란다. 나를 지키는 용기가 마중물이 되어 내면에서 나를 지키는 든든하고 따뜻한 것들을 만나는 당신을 상상한다.

자책하는 나 무기력한 나를 위한 심리 코칭

나를 지키는 용기

© 설경인 2024

1판 1쇄 2024년 9월 5일
1판 2쇄 2024년 9월 27일

지은이 설경인
펴낸이 유경민 노종한
책임편집 권순범
기획편집 유노라이프 권순범 구혜진 **유노북스** 이현정 조혜진 권혜지 정현석 **유노책주** 김세민 이지윤
기획마케팅 1팀 우현권 이상운 **2팀** 이선영 김승혜 최예은
디자인 남다희 홍진기 허정수
기획관리 차은영
펴낸곳 유노콘텐츠그룹 주식회사
법인등록번호 110111-8138128
주소 서울시 마포구 월드컵로20길 5, 4층
전화 02-323-7763 **팩스** 02-323-7764 **이메일** info@uknowbooks.com

ISBN 979-11-91104-97-4 (03180)